香港：我心我城

香港的成功與挑戰

朱知梅　著

梁璐如　譯

獻給所有目前和將來在香港工作及生活的人

目錄

引言

香港與我

　　香港是一座小城市，同時也是一座大城市。她獨特的歷史背景，促使她成為一個東西方文化交融的匯點。毋庸置疑，她可以說是近代世界史上一個極不平凡的地方。

　　香港可被視為中國一座得天獨厚的城市，住在其中的市民也得天獨厚，他們在香港的成功路上分別作出了不同的貢獻。可惜我自己卻未能在香港的成功故事中盡一分力，因為我於 1980 年，即香港踏入黃金時代之前，便離開了這座城市。不過，即使我只是一名旁觀者，但也希望能夠分享到香港成功的喜悅，以及感受到其中的驕傲和滿足。儘管香港人經歷了不少動盪，特別是二次大戰後的艱苦歲月，可是他們仍然取得多項成就，實在令人佩服。

香港在殖民主義歷史上佔有獨特的地位，她早於 1842 年成為英國殖民地。不過，與其他多個大英帝國殖民地在二次大戰後獲英國准予獨立不一樣，香港要在經過 150 多年與中國分離後，才得以回歸祖國。

香港是一座受歡迎的繁華都市，人們在這裏可以體驗到東西方文化交流所綻放出的獨有異彩。相信差不多所有於過去 50 年間曾經到訪過香港的旅客，都會認同這個說法，這也說明了為何香港至今仍然能夠保持作為世界上其中一個最熱門的旅遊勝地。

2018 年，共有 6,500 萬名旅客訪港，其中來自中國內地的遊客達 5,100 萬名，數字驚人。香港向來是內地遊客的旅遊度假熱點，主要原因是她是一個購物天堂，又是一座現代化的先進城市。此外，我相信在內地遊客的心底深處，可能都有一種莫名的渴求和好奇，想看看這個於大約兩個世紀前割讓給大英帝國的殖民地，演變成甚麼樣子。畢竟這個殖民地有超過九成居民是中國人，他們可能衣著不同，說話不同，卻都是不折不扣的中國人！

大多數訪港遊客都屬短途旅客，主要來觀光兼購物。香港佔有優越的地理位置，是有意前往亞洲各地或中國內地旅遊的人們一個理想的中轉站，因此一直以來都是亞洲旅遊行程中一個不可或缺的選擇。

香港的獨特背景，正好為她編寫了一個多姿多彩的故事。我相信當年在大英帝國權力達到巔峰之時，即使該國海軍艦隊中最有遠見的軍官，也無法想像得到當時這個僅被英國意圖用作貿易中轉站

的荒蕪小島，會發展成為今天的香港。

香港於二次大戰後開始蛻變。當時英國在世界各地，由東南亞以至西印度群島，擁有多個殖民地，其中以香港最為出眾。一直以來，英國人都視印度為該國皇冠上的瑰寶，印度不但面積廣大，而且人口眾多，所以往往被認為是大英帝國歷史上最重要的殖民統治區域。不過我可以大膽地說，香港是英國皇冠上的第二塊瑰寶，事實上，二次大戰後，香港是大英帝國餘下的唯一一塊瑰寶。

香港由英國殖民地到 1997 年回歸中國的這個轉變，是現代歷史上一宗前所未有的政治事件，就是一個殖民強權國家將殖民地交還給其祖國，而非讓她獨立，其中過程當然經過中英雙方進行了多輪的磋商。

我個人認為，在這樣的歷史背景下，香港可以由二戰後的 1945 年起，於短短七十多年間，飛躍發展成為一座在國際上地位舉足輕重的城市，環顧全球，實在沒有其他城市可以與其相比。

香港多元文化薈萃，推動著這座城市不斷前進，也為她增添豐富色彩，當中包括本土文化、宗教文化、政治文化以及流行文化等等。今時今日，當我們在世界各地光顧餐館時，都會看到 "fusion" 這個詞，意思是指餐牌上的菜式匯聚了各個國家和文化的美食，供顧客品嘗。鑑於香港匯聚了眾多不同的文化，由此看來，在 fusion 這個詞盛行之前，香港便已經是一個 fusion 城市。

於 1960 年代初期，不少人以「借來的地方，借來的時間」這個概念形容香港，意思當然是指 1842 年隨著清廷在鴉片戰爭被英國皇

家海軍打敗後，簽訂《南京條約》割讓香港島予英國為殖民地的史實。在此必須指出，雖然傳統上一般以為整個香港是於 1842 年割讓給英國為殖民地，可是當時其實僅指面積只有 80 平方公里的香港島。中國其後於 1860 年第二次鴉片戰爭後才根據中英《北京條約》割讓九龍半島，及按照 1898 年簽訂的《展拓香港界址專條》以 99 年期租約將九龍半島以北的新界租借給英國。港英政府亦因而把分隔九龍與新界的界線命名為界限街。

正因為香港由香港島、九龍半島以及租借而來的新界組成，所以許多評論員和歷史學者便構思了香港是「借來的地方，借來的時間」這個概念。

今天我們一般人口中所說的香港，包括了整個香港島、九龍半島和新界，總面積約一千多平方公里，其中單單新界便佔多達 953 平方公里。雖然這三個組成部分先後割讓或租借給英國，但實際上，自 1898 年以來這些地區一概被統稱為香港，而英國殖民政府也一直把三者作為一個整體統一管治。

自清廷割讓香港給大英帝國之後的 150 年間，英國政府一直從倫敦委派各任總督到來治理香港，惟二次大戰時日本於 1941 年 12 月至 1945 年 8 月佔領香港的三年零八個月期間例外。

1997 年 7 月 1 日，在當時中國最高領導人鄧小平提出的「一國兩制」框架下，香港正式回歸祖國。自此，香港總督的位置便由一名獲北京中央政府認可，並經選舉委員會選舉產生的香港特別行政區行政長官取代，負責管治香港。

過去 150 多年來，香港這座繁榮富庶的大都市所走過的路並非一帆風順，只不過每次遇到挑戰時，總能克服困難，再次起來重新上路，甚至比從前更強大。香港面對的挑戰包括：二次大戰時被日軍佔領三年零八個月；1956 及 1967 年先後發生「暴動」；1982 年中英就香港前途問題進行談判時所引起的動盪不安；1997 至 1998 年的亞洲金融風暴；2003 年嚴重急性呼吸道症後群（SARS, Severe Acute Respiratory Syndrome）「沙士」疫情；2008 年全球金融海嘯；2014 年雨傘運動；2019 年反修例運動；以及 2020 年初爆發的 2019 冠狀病毒病全球大流行（COVID-19 pandemic）。

上述危機的性質包括政治、經濟、社會及公共衛生，其中一些更屬死灰復燃。每場危機都對香港人造成極大打擊，尤其是窮苦大眾，而年輕人則感到前途黯淡，這些動亂更觸發人才外流的移民潮，不少教育程度高的專才紛紛遷移到外國重建新生活。可幸的是，儘管香港遇到這些種種困難，但每次都能安然渡過。過去 40 年來，香港經濟只出現三次負增長，分別是 1997 至 1998 年的亞洲金融風暴、2003 年的「沙士」危機，以及 2019 至 2020 年的反修例抗爭運動和新冠病毒疫情。

香港人在經歷過每次危機後都變得更聰明和更堅強，可謂十分難得。隨著香港日益富裕，她逐漸演變為一個外向型的開放社會，香港人也變得更善良、溫和及文明。有關香港人的這些重要特質，我會在隨後幾章提及香港的慈善工作時作進一步闡述。由於香港是一個經濟貿易對外開放的免稅港，她的外向打造了一座先進文明

的城市，人民平和踏實，社會和諧，世界上沒有多少地方可以與她看齊。

當然，香港並非沒有弊病。雖然香港的個人平均淨資產高踞全球前列，根據亞洲財經雜誌《財資》（*The Asset*）報道，2019 年香港成年人的平均財富估計高達 489,260 美元（相比之下，全球的平均數字只為 70,850 美元），可是香港的堅尼系數卻達 0.54，顯示大部分財富集中在一少撮人手上，造成收入高度不均。事實上，過去 40 年來，香港的堅尼系數一直持續上升，表示財富不均的情況日趨嚴重。因此，香港面對的其中一個問題，也是自由經濟學家對香港的主要批評，就是縱使她是一座富裕城市，但跟其他富裕程度接近的西方國家或地區比較，本地的貧富懸殊情況較為嚴重。社會上仍然有許多貧窮人士未能共享財富，而這種情況又直接造成另一個問題，就是地產物業價格和租金居高不下，以致越來越少人能夠買得起自置物業。此外還有一個好比計時炸彈般的問題，便是人口迅速老化，目前香港不論男女的人均壽命均名列世界首位。

以上簡單地介紹了香港短暫的歷史，同時概述了她的成就、挑戰以及缺失。基於我與香港的關係，我也想在這裏簡單向讀者介紹一下自己。

到目前為止，我的一生可以分為三個階段。首先是我在香港成長至完成大學教育的日子，歷時大約 24 年。其次是我在英國度過 32 年，並成為一名血液專科醫生的日子，在這段期間我每年都會回港最少一次，探望我媽媽、哥哥、姐姐和家人。第三階段是我於過

去九年在位於深圳的香港大學深圳醫院工作的生涯。雖然我在 2019 年達到 65 歲的退休年齡，但仍然以半退休身分繼續行醫，這年我撰寫了第一本書，該書於 2020 年出版，內容主要講述我在香港大學深圳醫院工作的經驗和所見所聞。到 2020 年 1 月初，新冠病毒疫情爆發，改變了整個世界，我於同年 5 月寫了第二本書，分享身在深圳期間應付新冠肺炎的經驗。

差不多整個 2020 年，世界各地都全力以赴對抗新冠疫情，其中一個普及全球的防疫建議，是勸喻人們保持社交距離，盡量留在家中。在疫苗面世之前，這的確是一個保護公眾以及保護自己免受感染的最有效方法。對於我來說，半退休狀態加上保持社交距離，讓我有更多時間去思考、學習，以及做一些以前應該做但沒有時間做的事情。

我於 2020 年 7 月開始構思撰寫這書，我知道這是一項非常艱難，甚至具爭議性的任務，有些人更會認為在此時此刻寫一本關於香港的書，可謂不合時宜。目前在新冠病毒肆虐下，整個世界紛紛擾擾，各地政府均竭力對抗疫情，掙扎求存，人們亦感到氣餒、無望。與此同時，國際上最強大的兩個國家 —— 美國和中國又就政治、經濟及意識形態各方面的分歧上表現得劍拔弩張，情況令人憂慮。當時這個 7 月份，香港不但遭受新一波新冠病毒疫情打擊，同時更面對中國當局於 2020 年 5 月訂立並迅速於 7 月 1 日開始實施的《國家安全法》，社會瀰漫著一片不安情緒。

沒有人知道這些張力和問題將會如何發展。雖然 2020 年底已

有針對新冠病毒的疫苗推出可供人們接種，但香港前路依然黯淡不明，一些人甚至深感憂慮。在香港的新聞和社交媒體，移民再次成為熱門話題。我自己早於 1980 年移居英國，深深知道移民是說起來容易，但做起來卻十分艱難的一回事。移民可以說是將一些未知之數轉換成另一些未知之數，移民者不但要面對許多預料中的未知，更有甚者，還要面對許多不可預料中的未知。我們都希望能夠遷移到一個生活更美好的地方，可是當我們深入探索時，便不免懷疑這個所謂更美好的地方究竟在哪裏，更莫說怎樣才可以到達了。

雖然我已離開香港一段頗長時間，但過去數十年來，我一直密切關注香港發生的事情，對這個我成長的地方完全沒有疏離的感覺。即使目前我的家在英國，可是在香港我仍然有我九十多歲的母親、哥哥、姐姐、親人和同學。

我由 2012 年起到中國內地工作，並開始每星期在深圳與香港之間穿梭往來。深圳到香港只有大約 35 分鐘的火車車程，兩地的距離跟利物浦與曼徹斯特之間的距離差不多。在深圳工作的這段期間，我獲得了一個難得的機會去認識中國多一點，以及了解到香港在中國現代化進程中所扮演的角色，這些認知重新挑起了我內心對香港的那份親切感，同時亦產生了一種在內地生活（特別是在深圳生活）的新感覺。

2020 年夏天我身處英國，由於新冠疫情的關係，香港和中國內地均實施強制檢疫措施，從英國入境香港的人必須隔離 14 天，由香港進入中國境內亦須隔離 14 天，因此我暫時不能返回內地繼續醫院

的工作。在這段因為疫情而被迫保持社交距離的日子，我開始認真地問自己幾個問題：面對極不明朗的未來，很多香港人發覺自己正處於人生交叉點上，最低限度，我是否應該嘗試深入回顧一下香港過去數十年所經歷的一切，看看有沒有出路呢？換言之，香港的過去能否為其將來提供一些指引呢？我深信可以的，因為歷史往往能夠為我們指引前路。此外，我自己的過去和經歷能否為別人提供一點亮光，幫助他們減少憂慮去面對未來呢？還有，我自三歲起便在香港長大，在這裏度過了我人生首四分一的歲月，那麼對於這座我又愛又欣賞的城市，有沒有一些關於她的事物我可以記錄下來呢？在寫作的過程中，我又可以如何儘量跟讀者分享我對這座城市的感情呢？

當我細心思索、考量我有沒有足夠資格撰寫這樣一本書的時候，我開始深入探索我的記憶，同時亦做了一些資料搜集的工作。我發覺坊間不乏講述有關香港的英文書籍，包括一些以香港為背景的小說（其中部分我也讀過）、旅遊指南、描述有關中英雙方就香港主權問題進行談判時香港景況的非小說類作品，還有少數記載至2010年代初為止的香港歷史文獻。

許多較近期出版的書籍，特別是英語刊物，都主要論述2014年雨傘運動之後的香港政治形勢和其帶來的影響。但奇怪的是，用敘述手法撰寫由二次大戰後直至2020年這段期間，香港在社會、經濟及文化方面的成與敗、得與失的著作，卻似乎寥寥可數。換言之，沒有多少書籍述說關於我這個年紀的戰後嬰兒潮一代在香港發展中

扮演的角色（由於我有一段長時間不在香港，這代香港人並不包括我在內）。雖然市面上的確有數冊這類書籍，而且都相當具有學術價值，可惜最新一冊的出版日期已是 1997 年，也就是香港回歸中國的那一年。此後即使也有一些書籍出版，可是都主要論述香港特區政府的行政和管治，或是有關先後於 2014 及 2019 年發生的兩場大型社會運動。

市面上有關香港由 1950 年代到 2021 年這段時期的敘述性書籍屈指可數，是推動我執筆撰寫本書的主要原因。

此外，我認為部分已出版面世的書籍所持的立場太過負面，甚至對香港的批判過於嚴厲，忽略了過去數十年來香港取得的成就，尤其是香港人如何同心協力為這座城市爭取成績，以及共享成功果實。故此，我希望這本書能夠為香港人述說他們的故事，特別是由我這位在香港成功故事中沒有半點貢獻的人來執筆，立場應該較為客觀。同時，至目前為止，市面上並沒有任何書籍論述香港在全球背景下（例如自由市場主導的經濟環境、現代中國的崛起、多個亞洲經濟體在世界成功興起等）所發生的大事，更遑論論述有關香港自 1997 年起由一個英國殖民地過渡至中國特別行政區這個歷程中所展現的勇氣、創意和經濟實力。

我很難向讀者解釋為甚麼我能夠鼓起勇氣執筆寫這本書，究竟它可以達到甚麼目的呢？我並不是一名專業作家，甚至連業餘作家也稱不上，也不是政治評論員或社會學家，更不是歷史學家。事實上，有些人可能認為我根本未能作出甚麼有價值的貢獻，他們或者

說得沒錯。我唯一可以說的，就是這些年來，我雖然身在英國，但我對香港和中國內地的情況一直十分關心。我跟許多香港人一樣，在這裏看見及經歷過不少事情，對這座城市有著一份特殊的感情，回顧過去多年來香港發生的一切，我實在希望與讀者分享我的感受，或許可以透過這本書，講一個有意思的香港故事。

因此，我期望我這些有關香港的個人回憶，可以描繪一幅圖畫，讓讀者能夠清晰地從一個半主觀的角度閱讀甚至轉述這個香港故事。換言之，這書是我樂意與讀者分享關於我在香港生活的短短回憶錄，我誠心希望讀者在閱讀過程中，可以更加認識和欣賞這座面積只有一千多平方公里的城市，她不單是當年那個英國殖民地，同時也是今天中國的一個重要組成部分。

當我開始落筆寫這書時，英國的新冠肺炎第一波疫情正漸漸減退，當地經過首次全國封城後已逐步開放，不過政府仍然極力勸喻人們保持社交距離和自我隔離，以防疫情再次爆發。在 2021 年初，「新常態」（New Normal）這個於 2020 年夏天開始在全球流行的用語，已經成為了人們日常的生活方式，也是保護自己免受新一輪新冠病毒感染的一項重要措施。

保持社交距離和留在家中這些人們已經習以為常的「新常態」，讓我有機會書寫一個值得述說的故事。不過，我在寫作方面畢竟只是一名帶著點理想主義的新手，即使我滿腔熱情，但執筆時也難免懷著戰戰兢兢的心情。

我抱著小心翼翼的態度訴說這個香港故事，因為在現時爭論紛

紛的環境下，我不想它變成一個引起政治爭端的火頭，挑動人們辯論香港今天面對的種種對與錯問題。現時香港發生的一切，令我深感痛心，也因此對香港和她在過去數十年來所取得的成就，產生更深切的懷舊之情。這書是我追憶往昔之旅，但願讀者可以與我同行，並一致期望目前香港社會的分歧可以得到和解，創傷得到治療，大家共同迎接新的明天。

回望過去能讓人窺視未來，希望藉此可以振奮香港人心，重燃香港精神，也就是香港人以靈活變通、積極進取見稱的精神。本書的內容亦以此為重點。

知識和觀點必須與人真誠分享才最有意義。因此，我希望這本非學術性的書，能夠為撰寫學術文章、講述香港事跡的歷史學者和社會時事評論員提供一點資料，假若他們認為我的個人看法值得參考的話，也許書內的小城故事和軼事可以幫助他們領會到我們的香港精神。

本書所寫的香港人，是推使這座城市取得出色成就的動力。他們是香港成功故事台前幕後的監製、編劇、導演和演員，整份劇本由他們自己編寫，因此所有成績也全部歸功於他們。我希望這些以勤勞和堅強著稱的香港人，可以克服一切困難，推動香港在今後的日子再創新高。從多方面來說，我就好像一名毫無經驗的電影評論員，當看完一齣獲獎電影要寫影評時，雖然滿腔熱情，但卻感到力有不逮。我相信一些讀者可能認為此書的內容有點過於感性和主觀，對此我也不否認。事實上，在某些情形之下，感性並無不妥，

因為感性可以讓事物變得更有人情味，而不是冷漠的理性分析，假若缺乏感情，述說一個成功故事只會像在電腦表格列出刻板的數據一般。

當然我必須承認，有些範疇我並未有觸及，而書評家亦可能會說感性導致我對某些議題未能作出客觀剖析。不過，我在處理不同議題時，已嘗試儘量保持一定程度的客觀，務求在我對香港的深厚感情與作者必須保持不偏不倚的立場之間取得平衡。

鑑於以上種種原因，我決定以 1957 年時年三歲的我跟隨父母來到香港的時間作為書的開首，同時按著時間順序鋪排內容，根據我的記憶反映我的成長歲月。讀者毋須同意我所講的事物，這並不是本書的目的，但只要有讀者在閱讀過程中能夠產生一點共鳴，我便已經感到十分欣慰了。

本書無意涉及政治，我也希望能夠做到如此。當我於 2021 年 3 月完成初稿時，世界各地正陷入一片紛亂，人們就全球的政治局勢進行激烈爭論，各種沒有事實根據的陰謀論鋪天蓋地，這些爭辯不但在新聞及社交媒體不脛而走，甚至不少有關這些議題的書籍相繼出版。不過，我可以向讀者保證，本書不談政治，因為我知道，若要論述目前全球政治舞台上所發生的一切是甚麼、為何發生、如何發生等等，當中所需要的智慧和敏銳觸覺，我都一一欠奉。

撰寫本書的最後一個原因，是我希望透過與讀者分享我自己的故事和我眼中的香港故事，能讓讀者感受到我以香港為傲的心態，同時期盼藉此可以激勵讀者同樣能以香港為傲。

第一章

———

我對二次大戰後香港的回憶

難忘的封面照片

當我最初開始構思寫這書的時候，我的腦海立刻浮現了一本書的封面照片。該書是 1968 年出版、由澳洲籍記者李察曉士（Richard Hughes）所寫的《香港：借來的地方，借來的時間》（*Hong Kong: Borrowed Place, Borrowed Time*）。李察曉士在遠東地區生活了一段長時間，以外國記者身分替《泰晤士報》（*The London Times*）、《經濟學人》（*The Economist*）及《遠東經濟評論》（*Far Eastern Economic Review*）撰文。

這張封面照片不但引人注目，同時也令人感觸。圖片正中是對香港具有特殊意義的舊中國銀行大廈，這座標誌性建築物的頂部飄揚著中國國旗，中央則懸掛著一幅巨型的毛澤東主席畫像。毫無疑

問，這張照片是從中國銀行前面香港會所草地的角度拍攝的，修剪整齊的草地上有幾名英國人在玩木球這項典型英式運動。

當年的香港會所，是英國殖民特權和精英主義的象徵。這些殖民統治者所玩的這種運動，香港本地人完全不懂，也毫不感興趣。香港會所是一家專有會所，位於香港島的黃金地段，服務對象僅限以外籍人士身分來港工作的英國人，中國人及任何有色人種均沒有資格成為會員。我相信會所內唯一的中國人就是負責服侍英國客人的華籍員工。

假如把這張封面照片所處之地向左右擴展的話，便可以看到位於中國銀行隔壁的香港上海滙豐銀行，香港人稱它為滙豐銀行，該行不但獲香港政府發牌經營，同時更特別獲批准成為香港發鈔銀行。至於中國銀行的另一邊則為希爾頓酒店，是當時香港最高級的兩家酒店之一，其餘一家是位於九龍的半島酒店。希爾頓酒店旁邊是花園道，沿著花園道往上大約 500 米，經過聖約翰座堂便是美國領事館，再向上走則可見到當年香港總督辦公和居住的港督府。

李察曉士這本書的書名和封面照片，正好精確地描述了二次大戰後早年香港的景況。圖片捕捉了香港這座城市的精髓，就是她的政治和經濟命脈都緊緊的與英國、中國和美國連繫在一起。雖然英國和中國在表面上掌握著香港的命運，但背後卻是美國強大的影響力。這張照片最有趣的地方是，滙豐銀行及其前方的香港高等法院，都不在攝影範圍內。單單一張圖片，以及它周圍的景象，便足以總括了當時香港的實況。

為甚麼我對上述那些建築物的位置知道得那麼清楚呢？其中的原因，讓我在這裏解釋一下。

每天必經之路

在 1960 年代，香港政府轄下的教育司署每年均舉行中學入學試（俗稱升中試），只有取得優異成績的學生才可獲派其第一志願的中學學位。我於 1966 年參加升中試，並幸運地獲取錄入讀我的第一志願——聖保羅男女中學。這所學校目前仍在，而且到了今天依然聲譽超著，被公認為全港最優秀的學校之一。我在這所中學結識了許多畢生的好友。

聖保羅男女中學位於港島半山麥當奴道。當年還未有貫通香港與九龍的海底隧道，來往港九的交通工具只有渡海小輪，其中又以天星小輪最為著名。時至今日，天星小輪依然穿梭於港九兩岸之間，並被人們視為最能代表香港的一個標誌。我當時家在九龍，每天上學需要花 65 分鐘坐小輪到港島然後乘巴士回校，放學時我則喜歡與同樣住在九龍的同學一起步行到天星小輪碼頭坐船回家。

在中學七年的日子裏，我每天放學都會沿著花園道往下走，經過美國領事館、聖約翰座堂、中國銀行、滙豐銀行、最高法院（現稱高等法院）、皇后像廣場、大會堂和大會堂圖書館，然後到達天星小輪碼頭。港督府位於美國領事館的上方，美國領事館對面是香港政府合署辦公大樓。在我中學附近，是全男生的聖約瑟書院，我們這兩間中學的位置可以說是無與倫比，因為整個香港都沒有任何其

他學校那麼接近香港的政治及權力中心。

對於我這名中學生來說，這段每天走過的路程確是令人十分舒暢，我還是許多年後才意識到那時我每天經過的建築物所代表的重要性。這段只需走 20 分鐘的路程，原來是香港歷史上所有權力、影響力和財力的真實寫照。

今天，假若有遊客要我推薦一段短短的散步路徑，我必定建議他由花園道山頂纜車總站往下行，並會向他詳細指出和解釋沿途每一幢標誌性建築物所代表的意義。我相信這段路程所蘊藏的真實經驗和重要意義，即使是擁有最新科技的現代博物館，亦沒有一家的展品能與其相比。事實上，這些建築物所代表的重大意義，經過差不多 60 年時間，到了今天仍然不變，並沒有褪色，而且可能比從前更甚。

假如有機會的話，我很樂意再走一遍這段路，原因只有一個，就是要緬懷過去一番。雖然有人說，懷舊文章可能會陷入將事實過分簡單化及情感化的危機，然而，這些建築物到了今天依舊屹立不倒，它們仍然在述說其各自代表的故事，內容沒有增多也沒有減少，因此並沒有把史實簡單化或情感化的傾向。經過這許多年，只有兩幢建築物的外觀經歷了轉變，但其重要地位仍然不變，這些轉變亦是香港自二戰後短短數十年歷史的標記。其中一幢外觀有所改變的建築物，是於 1990 年落成啟用、嶄新的中國銀行大廈（中銀大廈），這座舉世知名、形狀如竹枝的大樓，由蜚聲國際的建築師貝聿銘設計（巴黎羅浮宮博物館也是出自貝聿銘的手筆），地址是花園道

1 號。另外就是於 1985 年重建完成的滙豐總行大廈，這座外形新穎超前的大廈，由同樣享譽全球的英國建築師霍朗明（Norman Foster）設計，地址是皇后大道中 1 號。這兩幢建築物相距不足 100 米。至於當年位於花園道與皇后大道中交界的希爾頓酒店，已經不復存在，取而代之的，是香港首富屬下一家本地財團擁有及營運的高級商業大廈。

不少明信片或谷歌照片都用美麗、現代的香港風景作為代表香港的題材，其中有萬家燈火的香港夜景，也有矗立於維多利亞海港兩岸或遠處以獅子山為背景的高樓大廈，看到這些圖片的人都會被現代化的香港美麗景色吸引。很多人也會說這些明信片上的風景是屬於香港的標誌，但對我來說，在我中學七年間每天走過的那段路才是真正的香港標誌。

流金歲月

懷舊就是追憶過去，而懷舊除了叫人重溫往事之外，還促使人尋索那些早已逝去但又未敢忘懷的點滴。我便是在這些昔日回憶的驅動下，開始追尋及緬懷各種有關香港過去數十年的事跡，並根據這些事件按時序分為三個階段，每個階段代表一個世代。

1. 1950 至 1980 年。我選擇以 1980 年作分界，因為該年是標誌著中國開始實施改革開放的分水嶺。我稱這段時間為「成長期：內地移民融入香港社區的年代」。

2. 1980 至 1997 年。這個階段代表香港於 1997 年 7 月 1 日回

歸祖國前的時期，我稱之為「成熟期」。

3. 1997 至 2020 年。這是香港回歸祖國後，實行「一國兩制」的階段，我稱它做「香港冒起成為國際金融中心」。

要了解香港，首先必須要對香港在上述三個階段所發生的大事有所認識，這些事件對香港的發展影響至為深遠，其中部分事件甚至震動了整個香港。此外，我選擇這三個階段，主要因為每個階段都反映了中國內地迅速演變的政治、社會和經濟環境對香港所帶來的影響。在我看來，要評估及分析香港的發展，首先必須要認識和了解中國的形勢。這點不但對香港的公營部門來說十分重要，對私營部門也同樣重要，因為公營部門負責承辦大型基建項目，例如機場擴建工程，以及建立道路、鐵路、海底隧道等交通運輸網絡，而私營部門則進行一切與金融、投資、商貿等相關的活動。因此，不論公營或私營部門，要在香港作出任何長遠重大的決定時，若不考慮北京中央政府的態度和立場，實在是非常不智。

簡而言之，香港必須密切關注中國的動態。雖然歷史告訴我們，過去香港是一個位處中國南大門的英國殖民地，並經歷了 150 年的殖民統治，但是我們不得不承認香港一直以來都是中國一部分的這個事實。沒有中國的祝福和眷顧，香港斷不可能存活。

上述三個階段都各自受到當代的衝擊，每個階段也分別經歷了不同的轉化過程，期間，位於華南地區的香港，由一個英國殖民的細小貿易港，發展成今天一座聲響卓著的國際城市和全球金融中心。香港這個地方沒有變，但這裏的人卻變了，又或者說，他們已

逐漸適應了香港式生活，其中過程之順利，實在出乎意料之外。在此背景下，香港的經濟飛躍發展，管治日益完善，而更重要的是，香港人於這個發展進程中，在本地生活方式的基礎上打造了屬於自己的本土流行文化。這個香港獨有的流行文化，是東西方文化匯聚交流直接產生的結果，詳情會在第五章作進一步討論。

　　基於香港的獨特背景，我認為她是現代世界首個東西文化融匯（fusion）的城市。在 fusion 這個詞流行之前，其實香港已經是一個不斷發展的融匯城市（city of fusion），所以融匯是香港的命脈。任何一個來到這裏生活一段年日的人，都會發現這座西方與中國文化融匯的城市非常引人入勝，而且生機蓬勃，世界上沒有任何一個地方可以與她相比。我在外國生活了一段頗長的時間，早已適應了西方文化，因此未能完全體驗到在一種融匯文化中生活的獨特氛圍，但每當我回到香港時，便會不期然地再一次感受到這種融匯文化所帶來的清新氣息。

第二章

1950 至 1980 年：成長期

入境移民

　　1950 至 1980 年間，大量中國內地移民湧來香港，這 30 年是香港艱苦堅忍的歲月，但同時亦為小政府管治模式和自由市場創業精神打下基礎。這些早年種種的經歷，促使香港人培養出自食其力的精神以及強韌的適應能力，為香港其後的成功播下種子。二戰後西方社會普遍施行的由國家提供生活保障的安全網政策，在香港根本不存在。

　　自 1911 年滿清王朝被推翻，中國經過多年的動亂、軍閥割據和內戰後，於 1949 年 10 月 1 日，毛澤東主席在天安門廣場宣佈中華人民共和國正式成立，標誌著一個由共產黨統治的新中國終於以共

和國模式誕生。

當時的中國十分窮困，因為自 1911 年推翻滿清政府後的近 40 年間，國家在長期戰鬥爭取國土完整的過程中，不但要抵抗由 1937 年起便不斷入侵中國的日本（該國多年前已經開始侵略中國的東北部），同時又備受軍閥割據和內戰蹂躪，以致全國陷入水深火熱之中。最終共產黨打敗蔣介石統領的國民黨，蔣介石亦於 1949 年敗走台灣。

當時的香港是一塊由英國統治，但又位處華南大門、最接近中國大陸的外國領土，故被許多中國人視為一座充滿機會的小城市。雖然這座城市由英國委派的總督管治，但其中絕大部分居民是操各種華南方言的中國人。日軍於二次大戰期間曾佔領香港，惟於 1945 年美國在日本投下兩枚原子彈後，日本宣佈投降並撤離香港。對不少中國人來說，移居香港比移民到美國或英國等國家容易，因為來香港只需經陸路便可到達。

當年來港的中國移民有兩類，一類是獲香港政府發出入境簽證的合法移民，另一類則是沒有入境簽證的非法移民。我屬於非常幸運的一群，因為我的父母為我們一家取得香港政府正式簽發的簽證。至於非法移民，他們通常冒著生命危險，在夜間攀山越嶺或乘搭小船越過邊界偷渡來港，他們多選擇在晚上行動，主要為了避過在華南沿岸海域巡邏的中國軍隊和炮艇。部分偷渡者甚至從一些沒有軍人看守的偏僻地點，游泳到香港周邊的離島，游泳距離可長達八公里。

1950 至 1960 年代，有成千上萬的內地移民蜂擁來到香港，雖然沒有準確統計數字，但估計在 1950 年代每月有多達十萬人從內地來港。

可以想像，在這段期間，如何處理來自內地的新移民是香港政府面臨的一項重大挑戰。當時的香港，根本沒有足夠的基建或公共設施應付如此數量的新移民。坦白地說，政府可謂手足無措，在提供房屋、醫療或社會服務等基本民生需要方面，完全沒有能力應付。當局並沒有任何具體計劃來安置不斷湧入的合法及非法移民。因此，當時許多非法入境者往往要住在環境齷齪的山邊木屋，不但衛生條件惡劣，而且缺水缺電。

不過，無論是合法或非法的移民，來香港都只有一個共同目的，就是謀生以及尋求更美好的生活。這些移民中的大部分人很快便找到工作，得以解決基本生活問題。當年的香港並沒有法例保障勞工，也沒有法定假期、最低工資或醫療保險，不過，這些堅毅勇敢的移民，均十分樂意在戰後的香港勞動市場從事任何工作，即使工資如何低廉也在所不計，寧願胼手胝足也不坐著等待政府救濟。當我在多年後生活舒適的日子中，回想起那些任勞任怨、為香港打拚的移民，亦不禁責怪自己未能真正體會到那些前輩當年所經歷的艱辛，他們的故事實在值得我們重複細訴。

早期香港本地人所操的方言主要是廣東話、潮州話和客家話。潮州人及客家人均來自廣東省沿岸地區，客家人基本上是在香港沿岸海域及離島附近以船艇或舢舨為家的漁民，他們的年輕一輩許多

都上岸尋找工作，從事辛苦的低技術的體力勞動工種。客家人跟潮州人一樣，十分刻苦耐勞、不屈不撓，而且宗族觀念很強。

當時另外一批移民是華北人士，其中大部分來自上海，也就是我出生的地方，他們講的方言是上海話。在那個年代，上海是中國最先進發達的城市，許多上海人都是長袖善舞的商人，擅於經營貿易和製造業。這些移居香港的上海人不但帶來大量資金，還引進了投資和創業的動力，特別是在香港開設工廠從事生產。他們很快便在香港建立了一個蓬勃的製造業市場，尤其是紡織業，為本地人提供制度較完善（例如設有標準工時和薪金）的就業機會，吸引不少人投身製造業謀生。至於其他沒那麼幸運能到工廠打工的人，只好充當廉價勞工，賺取低微的收入維生，而且一天往往需要勞動超過18小時，沒有休息時間也沒有假期。他們的工作通常屬於勞力密集、重複單調的體力勞動，好像串膠花或製假髮等手作，因為在那些年，工業自動化生產尚未成氣候。與此同時，一些較具創意的人們則選擇開設簡單的小食攤檔，以極低廉的價錢販賣自製小食。這些移民憑著無比的堅忍和毅力，分別採用不同的方法謀生，為香港其後的成功奠下基礎，他們勤奮不懈的精神，創造了歷久不衰的企業和創業精神。這就是當年香港起步的過程。

房屋和社會帶來的挑戰

對大多數移民來說，在香港生活的條件可謂十分艱難，尤以非法移民為甚。他們狹隘的居所往往危險四伏，一旦電線短路引起火

警，或者雨季造成山泥傾瀉，這類災難很多時更會令許多人家園盡毀，無家可歸。此外，擁擠、衛生條件又差的居住環境，亦經常導致霍亂、傷寒、肺癆等傳染性疾病爆發。

我記得小時候有人告訴我，在 1953 年 12 月 25 日，一個叫石硤尾的地方發生大火，結果造成 53,000 人無家可歸。經過這場大火，當時的港督葛量洪爵士（Sir Alexander Grantham）遂下令建設多層式大廈的徙置區，為那些喪失家園的人們提供設有公用廚房和廁所的居住單位。這是二次大戰後香港政府為解決香港長期房屋問題而推行的首項行動計劃，目的是滿足人口不斷膨脹的居住需求。

這些多層式大廈的單位僅提供狹小的居住空間，可是總算能夠達到當時的目的，就是為有需要的人士提供容身之所。雖然按照現今的標準來說，這些單位的居住環境實屬不能接受，但是總比當時的山邊木屋安全。到了今天，環顧香港，這些多層式大廈徙置區已經成為歷史，不復存在，不過它們在我腦海中仍然留下深刻、寶貴的回憶，讓我體會到當時那些新移民的生活環境。回望過去，我覺得自己十分幸運，因為我父母最低限度有足夠能力租一個單位給一家人居住。直到今天，我還記得在我大約 11 歲時，曾經去探訪一名跟父母住在這類徙置區大廈的小學同學，每次我們都會一起在露天的公共空間打乒乓球，享受著童年的快樂。當時人們對於有一個能夠遮風擋雨的居所，便感到十分滿足，完全沒有任何抱怨或不忿。

若要知道這些移民大量湧入香港的原因，就必須了解那些年中國內地的情況。當時中國內地經常發起與意識形態有關的大型政治

運動，包括 1950 年代末造成饑荒的「大躍進」、失敗收場的人民公社經濟模式，以及 1966 至 1976 年間翻天覆地的「文化大革命」。這些政治運動其實是大規模的社會實驗，旨在通過國家主導的大型政治運動，推使社會達致烏托邦境界。可是在追求這些所謂正確意識形態的過程中，卻為千千萬萬的人民帶來難以言喻的苦難。在這情況下，香港便成為了一些人的逃生門，甚至是唯一的逃生門，讓他們不但可以逃避政治大環境所造成的不安和恐懼，同時還能夠滿足其免於饑餓的基本人性需求。

對於許多流徙香港的移民來說，尤其是非法移民，他們往往得不到基本的醫療服務，子女沒有接受教育的機會，連供水也需要輪候配給，每日只有幾小時可以從街上的公共水喉取水。此外，霍亂、傷寒和肺癆等傳染病叢生，他們又沒有任何社會保障或安全網，所面對的實在是一個適者生存的環境，十分可悲。不過，他們卻能咬緊牙關，憑著堅忍的精神活下去，這令我非常敬佩。

這些移民能夠忍受這種種艱辛的其中一個原因，是他們在香港可以自由選擇做甚麼工作，求職申請亦毋須根據自身的意識形態和政治立場受國家審查。對他們來說，在香港即使工作時間長、工資低，但最低限度仍可以按照自己的自由意願作選擇，賺取收入謀生。事實證明，這些移民非常刻苦耐勞，他們所持的理由很簡單，就是賺取微薄收入總比沒有收入強。他們不會向政府申領救濟金，因為根本沒有救濟金，當時二戰後西方國家紛紛設立的社會福利安全網，在香港這個英國殖民地簡直聞所未聞。

隨著時間過去，香港人的堅忍和努力漸漸得到回報，他們協力為香港隨後多年的成功打下基礎，共同推動本地經濟達致欣欣向榮，他們是香港故事中無可取代、不可或缺的組成部分。許多香港人都用辛苦掙來的錢開辦小生意，他們孜孜不倦，每天的生活就是工作、工作、工作，憑著不辭勞苦的創業精神，創造美好人生。對西方人士來說，中國人這種努力不懈的工作態度，是叫他們非常佩服的民族特性，而早年香港人的工作態度正正清晰、毫不含糊地展現出這種敬業樂業的精神。

動盪

無可避免地，香港也經歷了幾場政治動亂。於中華人民共和國成立之初，部分國民黨支持者沒有跑到台灣，而是選擇前來香港。1956 年 10 月 10 日，這些國民黨支持者與共產黨支持者發生政治衝突，觸發了一場其後稱為「雙十暴動」的動亂，衝突原因出於懸掛國旗問題，兩派支持者為了懸掛國旗的問題而發生爭執。這場騷亂很快便被香港警察平息，主要因為暴亂並沒有得到市民的普遍支持。可是事件卻突顯了香港處於兩幫政黨對立的政治敏感地帶，港英政府亦醒覺到必須小心處理日後出現的這類政治敏感問題。為此，香港警隊特別成立了一個叫政治部的部門，專責處理敏感的政治議題。

香港發生的另一場政治騷亂，是 1967 年由左派人士借一家塑膠花廠的勞資糾紛而發起的「六七暴動」。在此我想特別指出的是，

香港六七暴動爆發之前，澳門亦發生了一場近似的暴動。澳門曾是葡萄牙殖民地，是清政府根據 1887 年簽訂的中葡《北京條約》割讓予葡萄牙的領土，不過早於 1557 年明朝期間已經有葡萄牙人在澳門定居。澳門與香港毗鄰，兩地相距大約 65 公里，中間由南中國海分隔。

澳門的暴動事件發生於 1966 年 12 月 3 日，正是「文化大革命」在中國內地進行得如火如荼的時期。導致這場暴動的導火線，是澳門人發起反貪污和反殖民主義示威，但卻遭到當地警察暴力鎮壓，於是人們便以騷亂和大型罷工作回應，癱瘓了整個澳門。當時葡萄牙殖民政府在澳門商界和中國北京政府的壓力下，終於同意接受罷工工人的要求，並就警察鎮壓作出道歉。

澳門的罷工工人取得全盤勝利，動亂在葡國殖民政府妥協下迅速得到平息，這無疑對香港六七暴動和塑膠花廠工潮產生了極大的鼓舞作用，情況很快便變得一發不可收拾。暴亂迅即蔓延至港九新界各地，香港左派人士更在內地「文化大革命」的推波助瀾下，將事件政治化，紛紛投入支持及組織暴動。

這場暴動引起警察與暴徒之間公然的暴力對峙，香港政府為了控制局面，惟有宣佈戒嚴。與此同時，由工會組織的罷工行動、人民發動的街頭抗爭，還有暴徒在街上放置土製炸彈等等，都嚴重破壞社會安寧和秩序。此外，香港邊境地區更發生衝突，造成人命傷亡。由於當時駐守香港的英軍數目不多，沒有足夠軍力抵抗來自中國的進逼，因此人們都擔心中國解放軍可能隨時南下，越過邊界佔

領香港。

當時情況非常緊張危急，事態已到了一觸即發的沸點，有人認為港英殖民政府對情況已經失去控制，更有人謠傳倫敦的英國政府已向北京傳達信息，積極考慮撤離香港。就在此關鍵時刻，幸好時任中國領導人能保持冷靜，外交經驗豐富的總理周恩來，在獲得毛主席的首肯下，由北京向香港左派發出指令，停止暴亂。

中國在其遠大的戰略宏圖中，並無意於當時收回香港，領導人明白到香港擁有重要的戰略性地位，可發揮對外窗口的作用，為國家帶來重大的政治及經濟利益。現在回顧起來，當時確實是香港過去 60 年來的一個緊急關頭，中國領導人在最後一刻決定保持香港現狀，根據 1898 年簽訂的《展拓香港界址專條》租約到期時，即留待 1997 年才收回香港的管治權。

1967 年後邁向繁榮之路

經過六七暴動之後，香港的地位得到了保證，政治不明朗因素亦已暫時消除，於是香港的經濟可以正式開始發展，並取得舉世矚目的繁榮。如此佳績主要有賴香港政府實施小政府以及積極不干預、免關稅的市場經濟政策，帶動工商業蓬勃發展，而政府亦可以集中資源投放在教育、基建、房屋和醫療服務方面。

香港第一所大學是早於 1911 年成立的香港大學，第二所則是 1963 年成立的香港中文大學。這兩所大學在為香港各行各業提供高等教育及人才訓練方面，可謂功不可沒。

在其後多年，隨著香港的經濟發展欣欣向榮以及現代化步伐加快，一個由專業人士組成的中產階級逐漸冒起，包括會計、經理、行政人員、律師、醫生、銀行家、教師及大學學者等等。這些中產人士，加上工商界的成功人士，共同推動香港蛻變成為一個更開放、自由和文明的社會。

中產階級和精英分子興起

由於香港是一個英國殖民地，可以自由接觸到西方國家的技術和思維，因此漸漸地，許多中產階級得以提升他們的專業技能，並在多個領域達到國際水平，不少年輕專業人士更前往西方國家接受教育和培訓。他們在會計、金融、銀行和土地測量等各個領域所累積的豐富經驗，為香港鋪平道路，發展成為世界上一個主要的金融中心。這些專業人士，當中不少不但成功，而且更打響名堂，建立起良好聲譽，其中一些關心社會的人士更被港督招攬為行政局成員。港英政府行政局的功能與內閣無異，成員透過他們各方面的知識和見聞，為港督出謀獻策，提供意見，讓政府可以憑藉他們的專業及商業知識，制訂政策。這個制度在香港一直行之有效。

香港這個管治制度經過多年實行，培育了一批既富裕、人際關係網絡又廣闊的精英。這些精英分子一般都是鄉村俱樂部、馬會等專有私人會所的會員。

當時流行一個不無道理的笑話，說港英時代的香港，主要由四大集團統治，依次為：香港皇家賽馬會（1997年後除去「皇家」二

字）、滙豐銀行、怡和洋行（前身為渣甸洋行，因 19 世紀在中國從事鴉片貿易而發跡，於 1997 年前遷冊海外），最後才是香港政府。這四大集團均由英國全權主導和控制，不過各大體系也吸納了一些能幹的本地華人，其中不少人更扶搖直上，因此可以說這些香港精英都直接或間接跟四大集團有關聯，並從中透過人際或職業關係得益。在當時的香港，任何重大政策若得不到四大集團的祝福，都不會獲得通過。有些人甚至指出，香港在推行任何重要政策前，四大集團往往會在星期六下午的賽馬日，於馬會董事私用廂房內討論和商議。這四大集團的高層行政人員，憑藉他們在公司及政府的地位和權勢，大多都是馬會董事。這就是香港皇家賽馬會的獨有專享地位，它不但是全港唯一獲香港政府發出賭博牌照的博彩機構，同時又獲英女皇頒授皇家憲章，更是一個專業營運的非牟利慈善機構。

香港皇家賽馬會在香港人心目中所佔的重要地位，可以從 1980 年代北京派駐香港最高級官員的名言反映出來。在當時中英雙方就香港前途問題談判期間，這位北京駐港高官用了一個收效強大的比喻安撫香港人心，就是：1997 年後香港「馬照跑，舞照跳」。由於中國內地嚴禁賭博或賽馬，因此應許香港 1997 年後仍然可以繼續賽馬投注，就是對港人回歸後生活方式保持不變的最有力保證。我將會在下文再詳細闡述馬會的角色。

在香港精英主義和精英分子冒起的歷程中，最具代表性的例子要數何東爵士及其後代。何東的顯赫地位在二次大戰前已經無出其右，分別於 1915 年及 1955 年兩次獲英女皇封銜，更被稱為「香港

大老」。他是一名有猶太血統的中國籍商人，為人非常精明，替上述提及的怡和洋行擔任買辦。當年根據晚清施行的外貿政策，所有進口及輸出香港的貨物，都必須經由滿清政府認可的指定買辦進行，而何東正是其中一名認可買辦，負責為怡和洋行進行外貿，包括早年的鴉片買賣。由於怡和洋行是一家英國公司，因此必須依賴何東對香港的認識為其提供商貿意見，決定買甚麼賣甚麼，這就是何東在該行的職責。何東既是一名天才，又是地道香港人，他累積了巨額財富，讓他的子孫可以代代無憂。他是香港真正第一代人脈關係廣闊的精英，他的後代很多也成為社會賢達，不少更是出色的專業人士、學者及商人。何東本人又是一位慈善家，他的慈善工作遍佈香港，甚至延伸到澳門。

香港還有許多第一代超級富豪家族像何東一樣樂善好施。其中一個是嘉道理家族，他們是早年從上海來香港發展的伊拉克籍猶太人。嘉道理家族主要在香港投資酒店以及電力等公用事業，他們的從商本領與其對社會慈善工作的熱心不相伯仲，他們更在新界投資設立嘉道理農場暨植物園，種植有機食物，經營十分成功。其他家族如鄧氏、霍氏、馮氏、李氏、郭氏等，也積極參與慈善公益事業，這些富有家族的巨額財富讓他們有足夠能力從事慈善工作，真正做到「取之於社會，回饋於社會」。

值得一提的是，當時香港的窮人並不仇視這些成功的富有人士，反而視這些企業家為模範，欣賞他們的從商技巧，甚至仿效他們的經營手法。簡而言之，這些富有家族的成功故事，為窮人提供

了示範作用，啟發他們向上和學習。這些在香港社會佔重要地位及帶來巨大影響力的富豪和精英，完全沒有引起窮等人家的反感，相反地，窮人都希望能像他們一樣。令人感到更訝異的是，當時的國際社會是一個兩極的世界，冷戰基本上將世界分裂為兩個意識形態分歧的陣營，共產主義宣揚無產階級的重要地位，以推翻資本主義為目標。中國是當時全球最大的共產國家之一，但位於中國南大門的香港，卻可以實行資本主義，甚至取得驕人成就。在香港經濟興旺發展期間，即使發生六七暴動，但也沒有出現任何意識形態之爭，本地人也不在乎甚麼社會主義、共產主義或資本主義等各種概念。他們只有一個共同信念和決心，就是努力將香港發展成為一座成功的現代化城市，不受任何意識形態的爭拗或約束影響。誠然，當時有左派和右派的報章及書刊各自表述己方的政治立場，但從沒有引起任何不滿或衝突。香港是一個有出版及言論自由的社會，意見分歧受到尊重，不同觀點得到包容，也可以提出來進行辯論，從來不會相互惡毒攻擊。

這個不仇富而希望向富人學習，以及包容各種不同觀點的現象，是典型香港式生活的特點，可惜西方社會卻鮮有提及。

香港這個不仇視富人，反而是欣賞富人的現象，很難用社會學的理論來解釋，但卻可以用自由市場的理論來詮釋，就是賺取利益（當然是指以合法方式）已經成為人們發奮的動力。同時，這亦反映香港人一定程度上的成熟和踏實，他們很清楚知道自己的位置，活在一個位於中國大門口的英國殖民地，需要努力在這個資本主義社

會中謀生。與此同時，由於香港鄰近中國內地，因此對內地發生的情況十分了解，一些港人甚至曾親身遭遇或有親戚朋友曾經歷內地的苦難和動亂。故此，在他們追求一個更美好生活的過程中不會自滿，因為他們對於內地同胞的處境感同身受，甚至覺得自己處身於一個好像香港這樣的社會，可以自由追求自己的理想，實在非常幸運。香港開放的環境為人們帶來活力，在這裏人人都有機會分享致富之道，爭取成功，而這個致富之道並沒有專利，人人都可以一試身手。多年來，香港人的努力累積起來，推動香港發展成為一個享譽全球、國際知名的大都市。

剷除貪污

人生從來都不是一片坦途。於 1970 年代之前，香港一直備受一些現實的社會問題困擾。對於那些一心只想謀生的升斗市民來說，社會上猖獗的貪污行為，不但影響他們的生計，而且更成為了生活的一部分。他們辛辛苦苦賺來的金錢，往往要用來換取貪官污吏的服務。

街邊小販若要做生意而又沒有經營牌照的話，必須先孝敬巡邏街道的警察；但只要有錢過手，警察便會對無牌經營視若無睹。

這種集團式貪污對於庇護三合會（又稱黑社會）操控的黃賭毒以及敲詐勒索活動尤其普遍。其他基本公共服務也有不同程度的貪污情況：例如，消防員沒有錢到手便不會開消防喉救火；即使是躺臥在公立醫院病床上的病人，也要額外付錢給醫院員工才會有好日

子過，否則所得到的照顧永遠比不上已付錢的病人！這些故事的確駭人聽聞，卻是千真萬確。這類以現金交易的貪污賄賂在商界也十分盛行，若要交易順利進行，提供及收受利益或回佣往往無可避免。

面對這些猖獗的貪污行為，一般市民只得逆來順受。這些惡行對於生活艱苦困逼的香港人來說，猶如雪上加霜。

1970 年代，香港爆出了一單轟動一時的貪污案，葛柏（Peter Godber）是從英國聘僱來港的皇家香港警隊外籍總警司（1997 年香港回歸後已除去「皇家」二字）。在當時的香港，人人都知道警隊貪污情況嚴重，警察向黑社會收受賄款，作為包庇他們經營賭檔、毒窟、妓寨以及走私販毒活動的報酬，偶爾採取的拘捕行動也只是做「秀」，僅僅捉拿一些小人物交差。這些貪污行為很難完全根除，因為整個流程不但經過慎密的組織和策劃，甚至已被一般人接受成為生活的一部分！這股有組織性的貪污泛濫風氣，尤以警隊為甚，實在是香港一個可恥的污點，而受害人往往又是社會上的弱勢社群。

香港政府於 1973 年發出拘捕令，搜捕身為警隊貪污集團首腦之一的葛柏，他潛逃返回英國。不過事件震動了英國，並在倫敦和香港引起譁然。其後葛柏在倫敦被捕，並引渡回港受審。由於該案是香港本地首次將一名英國政府高層執法人員繩之於法，因此審訊過程備受各界關注，結果葛柏被判有罪，監禁四年。這場引人注目的審訊，向其他涉及貪污的警務人員敲響了警號，多名警隊內的共犯，特別是華籍貪官，紛紛在未被起訴前便已逃往中國台灣或加拿大。

貪污賄賂確實令香港蒙羞，因此政府不得不採取行動，積極整頓嚴重的貪污風氣，否則這個問題必定大大打擊香港作為國際商貿城市的聲譽，永遠損毀其形象。

經過葛柏醜聞一役，時任港督麥理浩爵士（Sir Murray MacLehose）決心剷除貪污問題，於 1974 年成立總督特派廉政專員公署（廉政公署），這項果敢行動是戰後香港其中一項重大的成功舉措。

廉政公署直接向港督負責，並獲港督賦予範圍廣泛的權力，可調查任何公營或私營部門疑犯的財富。《防止賄賂條例》內更有一項十分聰明的獨有條文，就是「收入與財富不相稱」，意味著任何人的收入若與其財富不相稱，即有收受賄賂的嫌疑。

廉政公署的反貪工作成績昭著。鑑於該署認為撲滅貪污的最佳方法是防止貪污，因此積極推行成效顯著的大型反貪運動，教育市民有關貪污及行賄禍害社會的常識。廉政公署威名遠播，令貪腐之人聞之喪膽，因而獲得普羅大眾的鼎力支持。漸漸地，廉政公署成功地改變了香港政府部門的形象，特別是警察部門的形象，令他們成為世界上最有效率和廉潔的警隊之一。

除了成立廉政公署外，香港政府又開展一個全面的接班人計劃，制訂一套長遠策略，安排訓練有素的本地華籍官員逐步接任高級公務員職位。這些接班人通常會被派往英國接受一段時間的培訓，由這時開始，當局不再從英國直接派遣人員來港空降填補高級政府職位。

在政府實施這個訓練及委任本地人才執掌高層官職的新政策之

前，公務員體系的中低層職位主要由本地華人擔任，而政府內的高級官員則差不多全為倫敦派來的外籍人士，其中大部分更是對中國或香港所知不多的官僚人員。香港社會日趨複雜，這些外來高官對本地文化卻缺乏理解和認識，無疑在制訂和執行政策方面構成了一定的缺失。

政府這個培育熟悉香港情況的本地人才接任高官職位的政策，十分成功。但在此值得一提的是，一些來港工作的外籍人士甚有才幹而且備受尊敬，其中不少更在香港長期居留，在這裏闖出一番事業。姬達爵士（Sir Jack Cater）便是其中一個最典型的人物，他從英國來港，初時一直在政府服務，並於 1974 年獲時任港督委任為廉政公署首任廉政專員，退休後投身私營部門，加入中華電力有限公司屬下的香港核電投資有限公司任行政總裁，負責發展廣東省大亞灣核電站合資項目。另外一位是鍾逸傑爵士（Sir David Akers-Jones），他於 1985 至 1987 年任職布政司，更一度出任署理港督。

在政府這個接班人計劃下，各個政府部門內所有位於某個職級以上的官員，都開始有機會被派往外國進修或接受培訓，其中大部分前赴英國的著名大學受訓，讓他們學習政府架構的運作，並可以在仕途更上層樓。經過一段時間後，一隊訓練有素、具才幹、富經驗的公務員團隊逐漸成形，準備好在香港回歸中國後接管香港。事實上，當香港回歸祖國時，差不多全部政府高官都是曾經受訓並在香港工作多年的本地華人。

推動康樂活動及設施

上文所述的六七暴動，主要是一宗因政治而發動的事件，這場動亂以及警隊貪污泛濫，都反映了香港社會的弊病，對香港人和香港政府留下深刻的傷痕。縱使經濟發展蓬勃以及社會日益繁榮，但香港政府畢竟要檢視一下，其在管治方面需要作出一些怎樣的重大改變。

香港政府在暴動後實行的一項重要措施，是解決社區康樂設施不足的問題。那些年，為香港市民（特別是年青人）而設的休閒康樂設施嚴重不足，甚至可以說是不存在。人們的主要娛樂不是打麻將，便是賭博、跑馬或聽收音機，他們欠缺公民身分認同，城市亦缺乏本土文化的滋養。

有見及此，政府遂開始舉辦多項社區活動，同時興建公共康樂設施、游泳池、運動場等，為市民提供更多娛樂機會。此外又在郊區開闢設有燒烤設施的行山徑，其中取名自港督麥理浩的麥理浩徑，更是一條著名及廣受全球各地旅客歡迎的行山徑。事實上，香港的郊區是世界上風景最優美及最容易到達的郊區之一。與此同時，香港也經常舉辦本地音樂會和演唱會，一個全新的免費無線電視台亦於 1967 年正式成立。

所有這些新舉措均旨在豐富香港勞苦大眾的生活，為他們提供一些室內及戶外的休閒娛樂活動，其目的有兩方面：首先是給予普羅大眾一些消閒選擇；其次同樣重要的，是為年青人提供發揮創意

和才華的機會，讓他們可以有更多的職業選擇，例如唱歌、表演、媒體甚至體育（尤其是足球）等。值得一提的是，當年香港擁有多名全亞洲最優秀的足球員。有關本地文化的發展過程，將會在第五章論述。

隨著這些計劃一一落實，香港人開始嘗到一個較多彩多姿而穩定的生活，而人生亦有更多的選擇。與此同時，工商業信心高企，一個獨特的香港生活方式也逐漸形成。我個人認為，所有這些舉措和計劃都歸功於港督麥理浩，他幹勁十足、高瞻遠矚，所推行的政策廣受好評，大部分香港人都對他懷念有加。

房屋與教育改革

1972 年，即麥理浩來港的第二年，他展開了一項對於英國殖民地總督來說相當大膽的基建計劃，就是宣佈推行「十年建屋計劃」，為沒有能力購買房屋的香港人提供「設備齊全及有合理居住環境的永久居所」，這項計劃不論規模或宗旨都是一項創舉。從那時開始，香港政府便負起了為低收入家庭提供廉價房屋的義務，希望可以解決露宿者及木屋區人口的居住環境問題。這個政策也是對六七暴動所作的直接回應，畢竟這場騷亂最初是由勞資糾紛引起，後來才演變為政治衝突。其後，港督麥理浩更宣佈施行九年免費教育，為學童提供六年小學及三年初中的免費教育。

當時我正在香港唸高中，期待可以入讀香港大學，我清楚記得當我從報章讀到這個九年免費教育的報道時，覺得非常感動，甚至

有點激動。因為直到 1972 年為止，我們這些普通香港人，從來都沒有想像過房屋和教育問題可以成為香港政府政策議程上的首要項目。港督麥理浩的施政讓我們認識到原來在一個現代世界，弱勢社群所得到的社會福利可以跟社會取得的經濟成就同樣重要。經過這許多年後，我現在才意識到兩者其實是息息相關。每當我憶起當時的心情，並想到麥理浩所做的這一切時，仍然不禁熱淚盈眶。

我在 1980 年到達英國之後，每當一些英國朋友調侃我說「香港人除了賺錢，還對甚麼東西感興趣」時，我可以根據事實，理直氣壯、充滿自豪地跟他們辯論，細說這個因為不光彩的鴉片戰爭而割讓給英國的殖民地，如何在資源匱乏的環境下，憑著僅有的人力，努力爭取成功，並且逐步躋身國際行列！我告訴他們，香港能夠取得成功，並非因為人們拚命掙錢，而是因為他們擁有自由和機會，可以工作謀生以及尋求更美好的人生。

與北京展開對話

港督麥理浩明白到，香港的長遠未來，主要取決於與中國進行對話，因此他在 1979 年親赴北京會見當時中國的最高領導人鄧小平。這次會面的必要性在於《展拓香港界址專條》將於 1997 年屆滿，故此香港地產商需要決定是否應該繼續在新界投資。據稱在這次會談中，鄧小平向麥理浩清楚表明中國有意對香港恢復行使主權，不過投資者卻可以放心，意思是香港回歸中國後，促使香港成功的經濟基礎將會保持不變。當時「一國兩制」的構思尚未成型。

鄧小平於這次會談之前的 1977 年復出，並成為中國最高領導人。當時「文化大革命」剛結束，中國仍處於創傷之中，及至 1979 年，鄧小平推出前所未有的「改革開放」重大政策。

在此之前，中國一直閉關自封，經濟發展主要仿效蘇聯的中央計劃模式。根據鄧小平的解釋，這個改革開放政策顯示國家正朝著「中國特色社會主義」發展。換言之，鄧小平有意推動中國對世界開放，實行採用自由市場原則而非中央計劃的經濟模式，原因是中央計劃模式在蘇聯已證實無效，各個施行中央計劃的蘇聯成員國，經濟均停滯不前；相反，西方國家卻在二次大戰後紛紛經濟復蘇，繁榮發展。事實上，計劃經濟的失敗是最終導致蘇聯解體的誘因之一。

麥理浩外訪北京回來後，他和倫敦都清楚知道香港若要繼續蓬勃發展，由當時到 1997 年這段期間至為關鍵，同時亦明白到中國並不急於收回香港，只會在地緣政治適當的時候才採取行動，因此，香港必須力求完善，維持繁榮穩定。明顯地，雙方政府的最高領導層必須展開談判，商討並一致制訂香港未來的管治方式。我想在這裏特別指出，港督麥理浩親赴北京拜會鄧小平，從中清楚獲悉中國領導人對香港未來的取態，實在應記一功。

由 1971 至 1982 年出任香港總督的麥理浩，在眾多港督中是最突出也是服務年期最長的一位，直到今天，許多我這輩的香港人仍然對他念念不忘、稱譽有加。

記得多年前一個秋天的星期六黃昏，在一片美麗的晚霞下，我在山頂行山徑散步時，剛巧碰見麥理浩港督，當時他獨自急步行

走，一名便衣保鑣相隔不遠跟隨在後，他甚至還跟我打招呼，他給我的印象是一名步行和遠足愛好者。在麥理浩退休前，按照傳統香港要為他豎立一座紀念像或建築物，又或者以他的名字命名一家醫院等，作為向一位好領袖的致意。可是，麥理浩卻選擇以自己的名字為一條新界行山徑命名，這就是麥理浩徑。麥理浩徑於 1979 年，即他退休前約三年啟用，足證香港人對他的愛戴。這條長 100 公里的行山徑，東由西貢北潭涌起西至屯門，蜿蜒攀越新界風景優美的郊區，由啟用至今一直是香港人及世界各地旅客的一條熱門遠足山徑。這的確是紀念這位好領袖的最佳方法。

在此我想跟讀者分享一個童年故事，藉以說明香港人如何憑藉克勤克儉、不屈不撓的精神，加上活力與毅力，於香港的成長期取得成功。

我 11 歲那年，常常在街邊的小販攤檔買早餐。一天早上，我留意到一對剛從華北地區來港不久的年輕夫婦，在一條小巷裏售賣那些像我這樣的北方小子最愛吃的早點——熱豆漿和粢飯。

豆漿和粢飯都必須要即日做，不能留到第二天，當時那條小巷並沒有雪櫃，我猜想他們也沒有能力購買一台雪櫃。我不知道他們這個攤檔是否需要交租，因為它只佔用小巷的一角，經過的行人也不多。對於當年那個年幼的我來說，這些既便宜又美味的早點真是我的最愛！由於每次見到他倆時，他們都是忙於預備及售賣食物，我並沒有機會跟他們談話，不過我察覺到他們完全不懂說廣東話。

我經常到他們的攤檔買早點，差不多每隔幾天便去一次。大約

過了一年之後，他們已不再在小巷擺賣，反而改在距離小巷盡頭數步的一個細小店舖售賣小食。他們仍然勤快地工作，但是看起來十分快樂。由於常常光顧，我開始跟他們搭訕，那時他們已懂得說一點實用的廣東話，但帶著濃厚的北方口音。一天，他們告訴我由於儲蓄了足夠的金錢，再加上銀行貸款，已經買下了這間小店做生意，早上賣地道北方早點，其餘時間則賣豬肉包等小食。從他們當時臉上的表情，我能感受到他們的興奮，他們甚至對我說會計劃生小孩，讓孩子在香港長大。

我離開香港到達英國後，再也沒有見到他們，當年那條小巷和他們店舖的位置，如今已經變成了幾幢簇新的高樓大廈。我很多時都會想起這對年輕夫婦，相信除非發生了一些不可預見的情況，否則現在他們和子女應該早已安頓下來，開開心心地生活，我也但願如此。

我憶述這個親身經歷的故事，並非因為它有甚麼特別之處，而正正是因為它十分平凡。這樣的故事在香港俯拾皆是，訴說著窮等人家不論面對如何惡劣的環境，都能憑著任勞任怨的精神奮鬥下去，最終取得成果。對我來說，這是一個美麗的故事，也是一個典型的香港故事；而對於那些前來香港尋找美好新生活的合法或非法移民來說，這裏是一個給予他們機會和希望的地方。由於我自己跟他們一樣，也是由內地來到香港的移民，我與他們有相同的感受，在這裏得到滿足，也對這個地方心懷感恩。

第三章

1980 至 1997 年：黃金時代

　　這段日子可說是香港的經濟騰飛期,見證這個城市冒起並躋身國際舞台的時間。推動香港經濟於 1980 年代開始起飛的原因有多個,每個原因環環相扣,相得益彰,並產生協同效應,得以令香港克服重重困難和逆境,最終達致成功。這些促使香港取得卓越成就的動力,可以歸納為幾個重要因素,我將在下文一一闡述。

中國因素

　　中國於「文化大革命」結束後,在 1979 年決心推行改革開放的重大國策。該政策基本上是一項史無前例的經濟改革,透過採用市場經濟模式促進生產及投資,最初主要在農業部門實施,容許農民

將作物按指標賣給國家後，可以把剩餘農產品投放私人市場出售，這項措施有助鼓勵農民提高產量。與此同時，又准許私人投資製造業，生產質優價廉的產品供銷國內及出口市場。

在促進製造業方面，中央政府設立了幾個經濟特區作為改革開放試點，這些經濟特區主要位於沿岸地區，其中與香港毗鄰的深圳經濟特區，當時是一個寂寂無聞、只有約三萬人口的小漁村。

這些經濟特區擁有廉價土地可供蓋建廠房用，又有大量全國各地年輕民工蜂擁到來求職，同時更提供各項稅務優惠，藉以吸引直接外來投資。自 1980 年代初起，香港廠商已發覺在本地進一步擴充業務的空間十分有限，本港地價又異常高昂，令工業生產難以寸進，因此這些經濟特區的出現以及所提供的種種優厚待遇，為香港製造業帶來黃金機會，營造了一個有利從商及投資的環境。

中國的改革開放政策，大受長袖善舞的香港企業家歡迎，他們視此為一個擴展業務的難得機會，甚至是度身訂造的解決方案，時間配合得天衣無縫。香港的整個製造業，特別是需要廠房用地進行生產活動的工業，紛紛遷移到內地積極發展，其中尤以與香港毗鄰、擁有地利的深圳和東莞為最熱門的地點。這個雙贏局面證實政策極其成功，港商的投資生產活動也一直持續至今。根據中國出版的英文報章《環球時報》（*Global Times*）指出，2019 年，深圳市的新設外來投資項目中，有近八成資金來自香港。與此同時，來自日本、美國、中國台灣、德國等國家及地區的直接外來投資亦相繼湧入，推動中國發展成為今天的「世界工廠」。

由於所有這些投資計劃都是目標清晰的長遠規劃，也是為香港於 1997 年回歸中國後持續發展制訂的路線圖，因此有關當局必須先為香港締造一個穩定的政治環境。時任英國首相戴卓爾夫人（Margaret Thatcher）遂於 1982 年訪京與鄧小平會晤，商討有關香港前途問題，雖然中英商貿關係也在議程上，但是香港前途才是主要的討論事項。明顯地，談判所涉及的香港，涵蓋香港島、九龍半島和新界，雖然當年三者分別先後割讓或租借給英國，但整體而言都是香港不可分割的部分，而且只能有一個管轄權。鑑於新界的 99 年租約將於 1997 年 6 月 30 日屆滿，而中英雙方的談判必須包括香港島及九龍半島，因此從實際管治角度來看，整個香港地區回歸中國的日期只能定在 1997 年 6 月 30 日。

經過多輪深入會談後，雙方最終於 1984 年 12 月達成協議，並公佈《中英聯合聲明》，時間是港督麥理浩首次訪京後五年，英國首相戴卓爾夫人訪華後兩年。

根據《中英聯合聲明》，英國將會把整個香港的主權交還中國，而中國則保證在「一國兩制」框架下，香港可享有高度自治以及人民可繼續保持原有生活方式 50 年不變，同時回歸後，香港將實施根據《中英聯合聲明》訂立的《基本法》。這項協議於 1984 年 12 月 19 日在北京舉行莊嚴的簽署儀式，由英國首相戴卓爾夫人與中國國務院總理趙紫陽簽署，躊躇滿志的鄧小平在旁見證。《中英聯合聲明》其後於 1985 年 6 月在聯合國秘書處登記，正式生效。

這份聲明不論對中國、英國或香港，都是一個歷史性的里程

碑。對香港來說，從此人們可以清楚知道 1997 年之後的日子如何。對中國來說，在百年國恥期間割讓給外國勢力的一塊土地，將會以最和平的方式回歸祖國，糾正一個歷史上的錯誤。對英國來說，在其殖民帝國強權歷史中，屬下所有殖民地於二次大戰後差不多都相繼宣佈獨立，只有香港是首個交還予其祖國的殖民地。儘管當時西方國家一些人士對《中英聯合聲明》有所保留，甚至抱持懷疑態度，但一般普遍都接受這個安排，認為在政治及外交上，中國對香港恢復行使主權是唯一的方案。

隨著國際社會理解及接受《中英聯合聲明》和《基本法》，香港的前途變得明朗，可以在一段特定期限內，繼續發展，而香港亦開始以迅猛的速度重新出發！我個人認為，香港這段期間的經濟及社會發展可以稱之為黃金時代。根據世界銀行（World Bank）的數據顯示，在《中英聯合聲明》簽署後的 13 年間（1984 至 1997 年），香港經濟增長以驚人的速度不斷擴大，平均年增幅達 6%，這個升幅引來世界上多個地方的羨慕。

由此看來，可以肯定的指出，香港自 1997 年 7 月起實行「一國兩制」以來，假若沒有中國作為後盾，香港經濟絕不能取得如此佳績，因此我稱之為中國因素。

香港因素

在《中英聯合聲明》達成之前，香港政府作出了一個明智的長遠貨幣政策決定。在中英談判進行得如火如荼期間，各種有關香港

前途的謠言及假消息滿天飛，引起炒家虎視眈眈，紛紛追擊港元，導致港元匯率大幅波動。香港政府為了維護本港經濟及金融體系免受衝擊，遂於 1983 年 10 月宣佈將港元與美元掛鈎，聯繫匯率只許在窄幅上落。此舉有助穩定港元，讓商界可以在一個穩固的貨幣環境下作出商業決定，這項政策自此在香港一直行之有效。

在這段持續多年的經濟增長期間，香港政府建立了一個以美元為主的龐大外匯儲備，保護港元以至本港經濟免受匯率波動影響或被國際貨幣炒家操縱（這些投機買賣的炒家，一般被人稱為「華爾街大鱷」）。這個豐厚的外匯儲備可在香港金融市場受到攻擊時，發揮戰爭基金的作用。事實上，大部分國家都設有戰爭基金，只是很多時她們的戰爭基金儲備僅足夠應付炒家有組織追擊所造成的貨幣波動；相比之下，香港的戰爭基金極其龐大，也就是說，政府有充足彈藥維持金融穩定，每當市場醞釀投機炒賣、貨幣不穩時，當局都可以動用外匯儲備干預貨幣市場，以維持港幣穩定。

今天，大多數經濟學家和評論員都一致認同，香港政府經濟政策的三大支柱是：低稅率及不徵收資本增值稅、採取不干預的「小政府大市場」政策，以及實行港元與美元的掛鈎，三者同為支撐這段黃金時代的基礎。這套明智健全的政策確保香港經濟不但沒有任何債務，同時更擁有一個龐大的外匯儲備。

可是，這個不干預及低稅政策也不無代價，就是造成政府缺乏一個穩定充足的收入來源，以致需要另覓其他收入來源；而政府選擇了透過公開招標形式賣地給地產發展商，以取得額外收入，資助

本港的基建發展。

多年來，香港政府賣地所得的收入，的確有助政府的財政預算達致收支平衡，甚至往往有所盈餘，可用來興建大型基建項目，例如全新的鐵路網絡、橋樑、火車站，以及多個連接香港與中國內地之間的跨境口岸等，大大便利了人流和物流的交通運輸。這些建設也是推動香港經濟得以成功的要素。

由英國知名建築師霍朗明設計的赤鱲角香港國際機場，早於回歸前已開始籌備規劃多年，機場於 1997 年竣工並於 1998 年正式啟用。回歸後，香港特區政府繼續沿用「未雨綢繆」原則，策劃每一項大型基建項目，以確保香港能夠維持其作為亞洲重要商貿、物流、信息及金融樞紐的地位。

香港政府的土地供應政策，是地產發展商成功致富的主要原因。多年來，香港人都認為買賣房地產是絕無風險的投資，許多人甚至視之為必勝策略。自二戰結束以來，香港地產發展的表現一直領先，不但投資回報高，而且虧蝕機會極微，即使有亦僅屬暫時性。例如本港地產市道雖然曾經數度陷入低迷，但每次都能反彈，而且發展得比從前更加興旺。在香港股票市場上市的公司，盈利最佳者往往是經營房地產的企業。有見及此，一些評論員多次指出，政府高度依賴地產發展的做法，妨礙了香港探索其他經濟發展模式的機會。他們更明言，若房地產市場持續似脫韁野馬般發展，只會不斷推高房價及租金，導致市民生活成本指數節節上升；而資產價格飆升的速度往往超越人們收入的增幅，將對年輕一代構成沉重負

擔。有關這個議題將在第九章作進一步論述。

　　不少香港地產發展商利用港元可以在國際市場上自由兌換的優勢，在中國內地進行大量直接投資，而且投資範圍更跨越深圳，廣及全國各地。內地許多工廠、購物商場和高層住宅大廈等都由香港發展商投資，這個趨勢同時也推動了內地地產市場蓬勃發展。中國擁有龐大人口，隨著過去 40 年來經濟持續增長，近年人民已有足夠能力吸納房地產市場推出的私人樓房。根據韓禮士基金會（Hinrich Foundation）於 2017 年（即香港回歸後 20 年）發表的調查以及中國的統計數據估計，香港是中國內地直接外來投資的最大來源地，於 1985（《中英聯合聲明》簽署後不久）至 2014 年（回歸後 17 年）期間，香港於中國內地的直接投資總額中佔高達 47%（7,448 億美元）。

　　鑑於地產發展商和企業家需要龐大資金在香港及內地投資，香港的銀行業也隨之步入數十年的繁榮期。多年來，總部設於英國的滙豐銀行和渣打銀行，其主要盈利均來自中國及亞洲。與此同時，美國的大型銀行和金融機構有見及中國內地市場湧現大量豐厚的商業及投資機會，香港又累積了豐富的與中國內地貿易知識和經驗，因此紛紛先後在香港設立辦事處及地區總部，這些機構在推動香港成為繼紐約和倫敦後第三大的國際金融中心方面，功不可沒。

　　透過這些大型投資及融資活動，多家香港公司得以在內地各個範疇的發展中扮演先行者的角色，協助促進中國與世界各地的商貿往來。此外，香港在中國內地的供應鏈、市場營銷、設計及生產系

統的發展方面，亦佔有舉足輕重的地位，帶動中國製造業在技能、創新、韌力、深度和廣度等各方面領先全球。

人力因素

香港人有一個共同的口號和信念，叫做「香港精神」。要說明這種精神是甚麼實在非常困難，不過我會在這裏盡量嘗試解釋一下。

多年來，我一直以為這個在 1842 年時被英國人視為荒島的香港，實在沒有任何資源。早期的英國人只看到一樣東西，就是香港島與九龍半島之間那被他們稱為「維多利亞港」的深水港，他們認識到這是一個便利海上貿易的理想渠道，在當時的後工業化年代，海上運輸是全球貿易最便宜的方式。除了這個深水港之外，我早年也實在看不到香港有甚麼其他資源——畢竟香港的氣候炎熱潮濕得令人難受，又經常受到來自太平洋的熱帶風暴侵襲——既缺乏可供建房或耕種的平地，食物也不能自給自足。早期食水來源更只能倚靠人造水塘，而且供應遠遠不能滿足需求，因此每當發生旱災時，當局便要配給供水。記得我年幼時，在水荒最嚴重期間，我們每四天才只有四小時的食水供應！當時的生活環境實在非常艱苦，可是香港卻能夠在逆境中取得成功，為甚麼呢？因為香港有一項資源，也是她唯一的資源，這就是香港人。

一如上述，香港大部分居民都是在 20 世紀初從中國內地移居本地的人。於 1950 年代初期，香港人口只有二百多萬，隨後多年，新移民很快便與本地原住民融合，兩者更能互補長短，相得益彰。來

自北方（主要是上海）的移民，為香港帶來了大膽冒險的精神。要知道在 19 至 20 世紀上半葉這段期間，上海是全中國最現代化及最先進的城市，當時的上海甚至可以說是一個比香港這英國殖民地更發達的大都會，因此上海人見識廣博、思想開放。

香港的居民大部分是華南人，一般來自面積廣闊的沿岸大省廣東，主要操廣東話。我雖然來自上海，但我已一早完全融入香港文化，甚至只懂說流利的廣東話，對其他方言（包括上海話）均一竅不通。總的來說，來自華南的香港居民與來自北方的移民不同，他們較為保守、拚搏和低調，其做生意的作風便充分反映了這種精神；他們又傾向投資房地產多於從事製造業及買賣製成品。在我看來，廣東人勤奮的工作態度以及上海人靈活的經商頭腦，組成了一個完美結合，並且拼出火花，把中國人的靈巧、幹勁和堅毅轉化為勤力工作和自力更生的態度。經過多年的努力，香港人漸漸掌握了各種相關技能，更互相分享，形成了一致的公民意識和身分認同。

在這段期間，香港這個融匯各種基本要素的大熔爐，逐漸演變成一座擁抱豐富多元文化的國際城市，在一個由能幹技術官僚組成的高效政府管治下，經濟欣欣向榮，社會穩定和諧。在這段中英談判結束後的黃金時代，為香港踏上國際舞台以及邁向 1997 年回歸祖國的時間做好準備。

究竟甚麼是香港人獨有的精神呢？我在此大膽地把它詮釋為中國人克勤克儉、自給自足、重視家庭的傳統觀念與西方社會自由開放體制的結合，進而迸發出香港人獨有的審慎冒險精神。我的意思

是，這種精神不單單指追求一份可保障生活、舒適的專業，如醫生、教師或律師等，還有利於推動個人發揮自己的潛能，成為企業家、藝術家、音樂家、演員或作家等，而隨著時間推移，這些各行各業的人才分別各展所長，共同描繪出一幅多彩多姿的圖畫，豐富每個人的生命。

儘管如此，一切來得也並不容易。在香港，如所有英國殖民地一樣，英國的政治和經濟利益總是居首位，上一章提及的四大集團便是最好的明證。不過，隨著二次大戰後帝國主義和殖民主義日漸式微，為香港這樣的地方提供了機會，在市民的足智多謀以及充滿現代視野的發展下，得以茁壯成長。

因此，「香港精神」最貼切的形容是：逆流而上、排除萬難、爭取勝利。換言之，這是一種「一定做到，勇者必勝」的精神。

第四項因素

讀者看到這裏可能會感到疑惑，這第四項因素究竟是甚麼呢？大多數人可能會認為我在下文所寫的只不過是一些司空見慣、理所當然的事實，但是對我來說卻絕非如此。讓我在此解釋一下。

人們一向都說，在各式各樣主義中，以民主主義最為優勝。本書無意討論各種主義的利弊，我也沒有足夠的見識加以論述。不過，我深深相信，不論社會主義、資本主義、共產主義等等的主義或政治意識形態，都應該僅被人視為管治的工具。故此，良好的管治在很大程度上賴於怎樣應用這個工具，假若應用不當，便會引起

誤解、誤用甚至濫用。以香港為例，英國殖民政府管治下的歲月，香港並沒有實行西方國家所謂的民主，也就是沒有全民普選的民主制度。香港當時是一個殖民地，主要實行資本主義，在政治及行政上須向倫敦負責。

1992年，即香港回歸前五年，當時香港最後一任港督彭定康（Chris Patten）引進了容許全民投票普選立法局部分議員的選舉制度。此舉在當時引起極大爭議，彭定康及倫敦同被指控串謀在香港回歸前短短數年內引入這種形式的民主選舉，意圖動搖香港未來的穩定局勢。

我所說的第四項因素，是指香港建立在法治、司法獨立和言論自由上的管治框架。雖然這三條支柱並不代表一定有民主——而事實上許多號稱民主的國家都沒有這三項重要的管治元素——但在「一國兩制」管治模式下的香港，卻一直擁有這些關鍵元素，支撐著一個公平、公開的社會。這第四項因素加上政府採取健全的經濟原則，在商貿方面奉行「小政府大市場」政策，香港人遂得到大量自由，去追求自己理想中快樂、滿足和豐盛的人生。

這個管治模式為香港人提供了一個清晰的框架，就是在一個公正獨立的司法制度下，不論企業或消費者都可以在一個廉潔的社會中，享有同等的權利和機會。所有事情都必須問責、透明和公開，任何糾紛亦可以在獨立法庭進行仲裁及得到解決。此外，資訊自由流通，也讓香港得以在當今這個數碼年代於全球舞台上進行競爭。香港人對於這種種自由，尤其是行動自由、言論自由和新聞自由，

都十分珍惜，而這些管理香港的方針，也在中英談判時納入《基本法》內，作為向香港人保證 1997 年後生活方式可維持不變的承諾。

過去曾經有一些並不真正了解香港何以取得成功的人，對香港持一錯謬兼具貶義的看法，就是香港人只懂得賺錢。但依我看來，這個說法既不真實，也不正確，只顯示出那些人對香港的無知，也完全不認識我在上文提及的「香港精神」。

一個較為正確及理性的說法應該是，香港人通過自動自覺的努力和靈活變通的機智，在個人能力以及自由市場原則的支持下，創造出有利的條件，自由地追求自己的興趣和生活方式。

香港社會為所有人提供了一個公平的競爭環境。保持社會繁榮穩定是政府主要的政策，也是中英雙方就香港前途問題進行磋商時，北京不斷重申的要旨，同時亦被絕大多數香港人接受和認同。換言之，政府和市民的目標完全一致。

香港在這種種有利條件下，為自己創造了奇蹟。諾貝爾經濟學獎得主佛利民（Milton Friedman）曾經說過，香港是全球唯一一個能夠體現自由市場真正成功運作的地方，令所有在這體制下的人都從中得益。他更指出，1960 年時，香港一地的人均收入相當於英國全國人均收入的 28%，但到 1996 年（也就是香港回歸中國的前一年），這個比率已上升至 137%，單單這個數字便足以說明香港的成就。不要忘記，1950 及 1960 年代的香港社會，盡是些來自內地的貧窮移民。

第四章

1997 至 2020 年：

回歸祖國——香港特區年代

　　作為前英國殖民地的香港，於 1997 年 7 月 1 日凌晨零時這個歷史性時刻正式回歸祖國，邁進香港特別行政區時代。這個舉世矚目的主權交接儀式，雲集中英雙方高層官方代表以及一眾國際傳媒，並在隨後的 7 月 1 日上午，在中國領導人的見證下舉行首屆香港特別行政區行政長官就職典禮。

　　對中國來說，是次香港回歸標誌了一個於 1842 年犯下的歷史錯誤得到糾正，香港亦隨之踏入一個新時代。這件盛事受到全球矚目，因為此時的香港已發展成為一個現代化大都會，又是一座在國際上享負盛名、成就卓著的城市。代表英國皇室出席交接儀式的英國查理斯王子（Prince Charles）指出：「香港由一個小島……演變為

世界上一個最大的貿易經濟體。」在中國內地，人民都懷著一份無限的民族自豪感觀看這個歷史性時刻，而當時身處英國從電視中觀看現場直播的我，也感受到這份自豪。整個交接儀式在莊嚴肅穆的氣氛下順利進行。

自 1997 年起，在北京中央政府的祝福下，香港在行政管理以及實施經濟政策方面都享有高度自治，港人也開始吸收和加強各方面有關營運一個國際金融中心所需的技能，促使香港在多個金融經濟範疇，包括投資銀行、審計、會計，以及股票市場上市、規管和監督等，得以全速發展，表現卓越，堪與全球頂尖的同業競爭。到了2010 年代，香港已躋身紐約、倫敦、上海及東京之列，成為世界上最重要的金融中心之一。香港的優勢在於與中國內地互聯互通、資本自由流動，以及港元可在聯繫匯率下保持穩定。

在大多數人眼中，政治和各種主義，如民主主義、共產主義、意識形態等，都只是被人用作達到管治目的之一種手段，但卻不一定能夠帶來繁榮；然而良好的管治和穩定的環境卻是繁榮及成功的重因素。

亞洲金融風暴

剛起步邁進新時代的香港特別行政區，很快便遇到挑戰。由於香港是一個全球知名的自由資本市場，全天候、隨時隨地只需一按鈕，資金便可以自由出入流動，跟紐約、倫敦等國際金融中心進行交易。不少國際投機炒家終日伺機出擊，以賭博式的炒賣伎倆賺快

錢，手法與在賭場搏殺的賭徒無異，甚至比賭徒更狠。因為這些炒家的背後往往是有組織的集團，掌握著最新的金融經濟消息，其目的只有一個，就是賺錢，並不會理會誰是輸家。這正正是資本主義及市場經濟的本質，優點是可以創造財富和繁榮，弊處則是可導致失業和破產。自由市場就是一個汰弱留強、適者生存的戰場，難免有一些貪得無厭、冷酷無情的參與者置身其中玩弄手段。

回歸後不久的香港特區面對的第一個難關，是 1997 年底爆發繼而在 1998 年席捲亞洲多個國家及地區的「亞洲金融風暴」。

這場金融風暴最初由泰國貨幣泰銖被炒家狙擊引起。在此之前，香港經濟一直持續蓬勃增長，由於北京在「一國兩制」下對香港特區許下 50 年不變的承諾，人人均對前景感到樂觀，本港經濟亦一片興旺，可是有些人卻認為這正是香港最脆弱的時候，更是一個調整經濟的成熟時機。當時一些有組織的國際投機集團在東南亞市場大量沽空區內多國貨幣，以致泰國、越南、新加坡、印尼和馬來西亞等國家的貨幣備受狙擊，掀起了 1997 年的亞洲金融風暴。有見及此，國際貨幣基金組織（International Monetary Fund）遂伸出援手，介入干預，大部分受影響國家為了抵擋炒家和保護本國經濟及貨幣，只好接受國際貨幣基金組織提出的條件，重組國家債務，其中一些國家甚至要實行資金管制，以防衛本國貨幣被進一步狙擊。

這些炒家在 1997 年 10 月左右開始狙擊港元。這場襲擊發生在最不幸的時刻，因為當時香港人仍然沉醉在順利回歸祖國的亢奮中，要是危機得不到妥善處理，許多政治目的不良的機會主義者必

定會爭相對「一國兩制」這個概念加以詆毀抨擊，動搖香港的局勢和削弱人們的信心。

　　剛成立的香港特區政府，面臨首個重大金融危機。在香港的歷史中，從來沒有遭遇過如此大規模的投機炒賣攻擊。這些國際炒家採取雙軌手法狙擊港元，首先大量沽空港元，藉此攻破港元兌美元的聯繫匯率，然後打入香港股票市場，大幅拋售盈利主要來自中國內地或亞洲的上市公司股票。轉瞬間，恒生指數出現前所未有的暴跌，多家香港上市公司的股價隨之急劇下滑。這個拋售股票與操控港元的雙重夾擊，目的是壓低香港上市公司的股價，然後讓炒家可以以低價買入的港元收購有利可圖的香港資產。

　　特區政府在北京中央政府的支持下，為保護香港經濟免受炒家衝擊，採取了空前大膽以及果斷的行動，殺他們一個措手不及。簡單來說，特區政府採用「以其人之道，還治其人之身」的方法，直接進入市場實行積極干預，跟炒家博弈。不少亞洲國家都因為外匯儲備不足和國債高企，需要國際貨幣基金組織施予經濟援助；但香港與這些亞洲國家不同，擁有龐大的外匯儲備，又沒有外債，經濟基礎穩如泰山，因此特區政府可以挪用外匯儲備，跟炒家在公開的國際資本市場上對賭，在支撐港元的同時，直接在自由股票市場買入炒家拋售的股票。當時可以說是有兩條戰線，分別是貨幣和股票，特區政府於兩方面同時在公開市場與對手交鋒，所有炒家沽售的股票都由政府全數買入，致令這些國際大鱷遭遇滑鐵盧。他們從來沒有想到會遇上一個好像香港特區政府這樣頑強的對手。他們嚴

重錯判了形勢，以為長久以來在經濟上實施不干預政策的特區政府不會直接介入市場。

　　國際炒家這一役所採取的投資策略全盤失敗，原因是一個開放社會的自由股票市場或資本市場不會只容許私人資本參與，也從來沒有任何明文規定禁止政府進入市場。因此，香港政府這次的行動，令衝擊香港金融市場的炒家焦頭爛額，蒙受極大損失。令人覺得荒謬的是，其中一些人竟然膽敢指控香港特區政府因為放棄不干預政策而犯規。不過他們只是虛張聲勢，沒有人理會他們，即使最擁護自由市場的人士也沒有足夠理據指責香港政府的做法。

　　及至 1998 年年底，香港已安然渡過危機，特區政府審慎健全的理財政策亦因而聲名大噪。在公開股票市場，任何人只要採取負責任及透明的手法，都可以在其中進行買賣。香港特區在首場戰役取得勝利，並贏得國際稱譽。

　　此後，情況開始好轉，香港經濟也不斷增長，到 1999 年，特區政府已將手上持有的股票悉數賣回市場，不但收回全部投資成本，甚至有利可圖。換言之，在香港政府與國際炒家對壘的戰役中，香港納稅人成了贏家。這次勝利是香港特區政府以國際視野管理金融市場的一次經驗提升，炒家也不再低估特區政府的決心，或意圖再次衝擊香港金融體系。香港從此漸趨成熟，冒起成為一個國際金融中心。

　　在多年後的 2008 年，全球再次陷入一場國際金融危機，這次主要由華爾街投資銀行的流動資產出現問題而引起。當時我身在英

國，目睹英國政府實施了一套近似香港政府於 1997 年採用的手法，就是向本國銀行注入流動資金，以穩定經濟和挽回人民信心。這兩次危機唯一不同之處，是在 1997 年的亞洲金融風暴中，香港納稅人沒有損失，實體經濟也不受影響；但 2008 年的全球金融危機卻與之形成強烈對比，牽連幾乎每一個人，不但世界各地的納稅人均蒙受損失，各國政府的財政亦陷入困境。差不多所有受到這場金融海嘯打擊的國家，在隨後多年都要實施財政緊縮政策，以復興政府財政。

自香港特區政府成立並在「一國兩制」下運作以來，只出現了三次經濟負增長，分別是：1998 年的亞洲金融風暴之後；2009 年的全球金融危機之後；以及 2020 年新冠肺炎肆虐期間。香港在 1960 年代初開始建立的穩固經濟基礎，一直維持不變，在特區政府管治下，經濟持續欣欣向榮。

冒起成為國際金融中心

隨著香港經濟不斷增長，大型基建項目得以陸續展開，包括建設 1998 年竣工的全新國際機場、興建新醫院和增設鐵路網絡等。此外，有見及毗鄰深圳製造業擁有的強大實力，本港廠商紛紛北移到深圳及其鄰近地區進行生產，促使香港經濟成功由出口及製造業主導轉型為服務業主導，同時沿價值鏈和技術鏈往上移，保持其作為全球首要商貿樞紐及國際金融中心之一的地位。

對於一座僅在 20 世紀下半葉才開始與世界各地建立商貿聯繫的城市來說，如此成就毫不簡單。為保持國際金融貿易中心地位，

特區政府必須確保香港的資金自由流動政策能達到甚至高於國際標準。也就是說，香港必須擁有一個管治良好及開放的銀行業、完善的審計及會計業、優秀的法律界、可籌集公共資金的高效股票市場和籌募私人資金的高效投資銀行體系、透明的稅制，以及最重要的，是擁有一批專業知識和技能可與紐約、倫敦看齊的人才。除此之外，還要有一套透明、廉潔、有效的監管制度，確保所有交易均能公平公開，而這一切香港都有。由於規管太嚴會窒礙創新，規管太鬆則可能會引人違規犯法，所以必須從中取得平衡，而香港在國際上向被公認為已取得適當的平衡。相比之下，中國另一座現代化城市上海，雖然也銳意建立一個成熟的證券市場，發展成為國際金融中心，可是，由於國際金融交易必須採用可兌換貨幣，上海在資金自由流動方面仍未及香港完善有效。

更多挑戰

雖然過去多年來，香港的整體經濟增長都高於全球平均水平，但她所走的路並非一片平坦，也曾遇到不少挑戰，其中包括兩次公共衛生危機以及兩場政治運動，這些事件對香港的管治不無影響。

2003 年，一種不明的嚴重呼吸道疾病在華南地區和香港出現，就是被稱為「沙士」（SARS，嚴重急性呼吸道症候群）的流行病，其後病原由香港大學學術研究人員確認為一種冠狀病毒。這場危機在香港持續了約六個月，共錄得 1,755 宗確診病例（數字在全球僅次於中國內地）以及 299 宗死亡個案（死亡率高達 17%），當中包

括醫護人員。

我想在這裏解釋一下，「沙士」被稱為症候群，是醫學人員尚未確定其病原體為冠狀病毒前給它所作的臨床定義。稱這個疾病為症候群，是因為受感染的病人出現急性呼吸道症狀，很多時甚至需要進入深切治療部，接受呼吸機治理。當時並沒有流行病學資料顯示是否有症狀輕微或無症狀的「沙士」病例存在，這些資料十分重要，因為 2020 年在香港爆發的 2019 冠狀病毒病大流行，在這方面跟「沙士」有著根本上的分別。

香港經歷的第二次衛生危機，是上面提及於 2020 年席捲全球、被世界衛生組織（World Health Organization, WHO）命名為 2019 冠狀病毒的大流行病。這次疫症由與「沙士」同一冠狀病毒家族的一種病毒引起。直至 2020 年底，香港共錄得 8,600 宗確診病例，以及 137 宗與新冠病毒有關的死亡個案，死者主要是患有多種疾病的年長人士。在疫情肆虐下，香港實行封鎖措施，截至 2020 年 10 月，特區政府在九個月內三度收緊防疫政策，措施包括限制旅遊、規定入境人士必須接受隔離檢疫、保持社交距離、關閉食肆和公眾場所，以及禁止非本港居民入境等。這些措施與世界上其他國家實行的十分近似。由於 2020 年大部分時間受到封鎖及隔離措施影響，香港經濟急劇下滑。

在我撰寫本書時，尚未知道也不能預測香港經濟何時可以復蘇。樂觀人士估計 2021 年底經濟可望開始反彈，而悲觀人士則預期要等到 2022 年才可有轉機。面對學校關閉、公立醫院體系面臨崩潰

的情況，特區政府遂向北京尋求援助，要求派遣專家來港協助應對這場衛生危機，特別是提高檢測病毒的能力以及蓋建隔離設施。

大多數人視 2003 年在香港爆發的「沙士」為地區性流行病，當時疫情歷時大約六個月，到該年底前本港經濟已迅速出現 V 型反彈。然而，這次 2019 新冠病毒禍害深遠，當年的經濟復蘇速度難再重現。由於 2019 新冠病毒是一場肆虐全球的大流行病，香港經濟所受到的損害無疑較嚴重，也較難復原，其中尤以酒店、零售、旅遊和航空業打擊最大。

此外，香港在過去幾年亦經歷了兩場政治危機，首先是發生於 2014 年、歷時 77 天的雨傘運動，其次是 2019 年 6 月爆發的反修例運動。有關這兩場運動，將於第十章加以論述。

第五章

香港流行文化興起史

　　英國著名藝術評論家羅斯金（John Ruskin）曾經說過：「偉大的國家為自己書寫傳記時有三個記要，一記其作為，一記其言語，一記其藝術。要了解任何一記，我們必須同時也閱讀其餘兩記。」

　　對我個人來說，這一章具有重大意義，因為我熱愛形形色色的香港文化。自二次大戰以來，香港經濟繁榮發展不單推動這座城市成為一個穩定、安寧和文明的社會，同時亦締造了獨有的香港文化。這個香港品牌基本上是一個廣受香港人歡迎的典型本土文化，其中多個領域更贏得眾多國際獎項和得到廣泛認同。

背景

　　1950 及 1960 年代的香港，並沒有本土流行文化，當時香港是一個英國殖民地，而中國則閉關自守，與外界隔絕。記得我在成長時，對西方流行文化較為熟悉，例如我愛喝可口可樂、聽收音機播放的歐西流行曲，和欣賞披頭四（The Beatles）和貓王皮禮士利（Elvis Presley）的搖滾樂曲。那時，香港本土流行文化根本不存在。

　　當年雖然有一些受到部分香港人喜愛的傳統中國地區戲曲，例如京劇或粵劇等，但都絕非主流娛樂文化，更不是年青人的愛好。這些戲曲極富戲劇性，曲詞又非常難懂，因此並未受到廣泛歡迎。雖然學校有教授中國藝術和文學，不過並不深入，中國歷史也是如此。在當時戰後的香港，通過收音機和戲院引入的歐西流行文化，鋪天蓋地，大受青睞，相比之下，中國戲曲大為遜色。至於電影業，賣座電影當然也是由西方製作，特別是荷里活大型製片商的出品，包括西部牛仔動作片（例如《獨行俠》〔The Lone Ranger〕系列）、賺人熱淚的愛情片，還有關於二次大戰的戰爭片等，這些電影的男女主角以及歐西流行歌手，在香港可謂家喻戶曉。換言之，在這個華人佔九成人口的英國殖民地，歐西流行文化悄然落地生根，成為人們生活的一部分。

　　其實這種社會現象並非香港獨有，於任何殖民社會都存在，殖民國家的用意就是要把自己的生活方式引進給殖民地的本土人，其中又以音樂和電影為最主要的媒介。經過這許多年後，現在當我回

想起來，即開始明白到甚麼叫做「軟實力」時，認識到在某程度上，西方殖民國家在殖民地廣泛灌輸歐西流行文化以影響當地人，正正就是殖民主義的軟實力。我在這裏必須承認，我便是一個受軟實力影響的例子，因為我喜愛西方搖滾樂曲和荷里活賣座鉅片，而且我也並非獨一無二，許多同學都跟我一樣熱愛歐西文化。由於統治者的文化往往位於被統治者的文化之上，這種現象無可避免地成為了殖民社會的副產品，殖民者的軟實力遍及社會各個領域，由時裝、設計、音樂以至娛樂等，無所不在，對殖民地的本土文化影響至深至廣。

那些年，我們只用古老的原子粒收音機收聽音樂，若有人家裏裝有一部黑白電視機，那便是富裕和先進摩登的象徵，而擁有配備揚聲器的唱機再加上個人塑膠唱片珍藏，更是令人羨慕不已。明顯地，當時卡式錄音機或光碟機均尚未面世。我相信到了今天，這些古老原子粒收音機跟古典手錶及古董汽車一樣，都成了珍貴的收藏品。1957 年，香港首個有線電視台啟播，這個由英資擁有、名叫「麗的映聲」的有線電視台，播出的節目有百分之九十都是從西方輸入的製作，本地製作少之又少。雖然該台也有新聞報道，但只是幾分鐘由主持讀出新聞稿的報告，並沒有新聞片。

在我的記憶中，1950 年代到 1960 年代初期，香港只有兩個無線商業電台，以及上文所說的有線電視台。當時這兩個電台主要播放用廣東話講述的故事、傳統中國音樂和歐西流行曲等。

當年絕大部分香港人，尤其是來自內地的貧窮移民，都要努力

掙扎謀生，根本沒有多餘的時間、本錢或動力去培養在寫作、廣播或音樂方面的創意和技能，因此香港難免缺乏推動本地娛樂事業或發展流行文化的人才。我們的父母及兄弟姐妹終日都忙於生計，有能力工作的出外工作，年幼孩子若是聰明或許有機會上學，不然的話，即使年紀小小也要做工，因為當時香港並沒有免費教育，人們對禁止童工的意識也相當薄弱。至於老人，除非身體有殘疾，否則也要工作。那個年代的生活非常艱苦，人們只有工作，沒有娛樂。

一如上述，早年的艱難歲月促使香港人養成勤奮的工作態度，推動香港經濟飛躍發展，贏得世界各地不少的讚譽。力求自給自足和努力謀生成為了香港人獨有的精神，而西方社會也開始注意到這些其他地方所沒有的香港獨特之處。再者，香港人足智多謀，在勤奮向上的過程中，充分發揮了他們靈活變通、在夾縫裏求生的特質，為香港日後的成功奠下穩固基礎。因此，在世人眼中，良好的工作態度是香港人的標記，我對自己能夠在這個環境中長大也感到自豪。

時移世易，隨著環境不斷變化，人們也相應作出改變以適應環境。到了 1960 年代末，香港人逐漸清楚認識到除了經濟和繁榮之外，人生還應該有其他追求以豐富生命，於是他們開始發掘一直潛藏著的創意和想像力。香港實在需要建立自己的流行文化，一個能夠與港人生活息息相關的文化，就好像中國其他城市如上海、西安、廣州等都各自擁有其獨特的本地流行文化一般。

雖然「借來的地方，借來的時間」這個觀念深深烙在香港人的

心中，但漸漸地人們覺得這個說法已經不合時宜，並開始對香港產生深厚的感情和歸屬感，認定香港就是我們的家，不再感到自己居住在一個借來的地方，因此必須掙脫這個觀念的枷鎖。對許多人來說，香港是我們生長的地方、我們的家，我們要創立自己的文化，打造一個身分認同的標誌。香港人開始意識到我們必須要有肥沃的土壤和理想的環境，讓作家寫作、演員演出、歌唱家唱歌，以及電影製片家製作，並且他們可以憑藉這些工作得以維生，甚至取得成就。當然，文化不能一蹴而就，需要時間孕育，而一個沒有文化的社會是空洞膚淺的。

於隨後多年，香港人在經濟蓬勃發展以及辛勤工作下，收入漸趨穩定，生活亦有所保障，遂開始尋找娛樂活動，藉以享受辛勞工作後的閒暇時間。

另一方面，六七暴動和葛柏貪污醜聞亦喚醒了香港政府，使其明白到需要改善本港的社會、康樂、娛樂和文化環境，以及致力發展本土流行文化的必要性，除了為市民提供娛樂活動，同時有利培育各行各業的人才，例如演藝、運動、寫作和廣播界等各方面的專才。此外，政府也必須抱持較開放的態度與民眾溝通，給予他們發表個人意見的機會。由這時開始，電台經常主辦聽眾來電與節目主持人或嘉賓直接對話的節目，後來更發展成為定期舉辦的電視直播公眾論壇，讓人們公開討論時事。

於 1967 年成立的電視廣播有限公司（無線電視），是香港第一個免費電視台。無線電視與香港影業巨擘邵氏兄弟所製作的港產電

視節目和電影，非常成功，大受港人歡迎。從此本地新聞不再單單在報紙和電台報道，更會由電視台作現場直播，深入報道和評論，令港人可以接收到更多資訊，更積極對本地時事發表意見，其聲音也能獲得聆聽。

至於香港電台，它是香港廣播史上首家廣播機構。1976 年，香港電台的英文名稱由 Radio Hong Kong 改為 Radio Television Hong Kong（RTHK），以反映該台電視部的重要性，但其中文名稱仍保持為香港電台。香港電台的運作模式跟英國廣播公司（British Broadcasting Corporation, BBC）相同，是一家公營廣播機構，透過多個平台，為香港人提供資訊、教育及娛樂節目。

香港電台和無線電視等大眾傳播機構經營十分成功，它們與香港人一同成長，甚得民心。香港電台與英國廣播公司的不同之處，是英國廣播公司會向用戶收取年費，而香港電台在香港政府資助下則是免費服務大眾的。

由 1960 年代末開始，隨著一個相當現代化的媒體平台成形，本土流行文化逐漸在香港社會興起，其中涵蓋報紙、雜誌、電視、電影和電台等，推動香港史上層樓，邁進現今的多媒體世界，全民共享各種先進的通訊、娛樂和信息。

香港日益富裕，帶動港人紛紛開始出外旅遊，藉此擴闊視野。有見及馬克吐溫（Mark Twain）所說「旅遊是偏見、偏執和狹隘的殺手」，許多旅遊人士都樂意分享他們的旅行經驗，口耳相傳的有，著書立說的也有，這些分享大大引起了其他人的旅遊興趣。由於香

港在 1997 年之前是英國殖民地，所以香港人前往多個國家都享有免簽證待遇。

自 1960 年代末起，香港的社會、經濟和公民質素各方面都漸趨成熟，有足夠條件探索及創造一個反映香港人生活和思維方式的本土文化。香港與中國內地各城市不同，沒有悠久的歷史，只在二次大戰後才逐步成長，因此她僅能創造一個建基於本地社會發展基礎上的流行文化。在香港打造其獨有流行文化的過程中，有幾個範疇可謂舉足輕重，現於下文一一闡述。

報紙及出版業

香港報業傳統中，報紙為了增加銷路，除了報道主流新聞外，還設有時事評論欄目以及聘請自由作家撰寫每日連載小說，吸引讀者在每天購買報紙閱讀新聞之餘，同時追看這些欄目和連載小說。這些報紙往往不只刊登一個連載故事，而是會邀請多名作家撰寫幾個不同的故事，每天見報。香港報紙這個刊登連載小說的獨特現象，值得在這裏特別一提。

撰寫這類連載小說的作家，很多都是於 1950 及 1960 年代從內地移居香港的文人，他們的寫作風格別樹一幟，總愛在每日連載的故事結束前賣個關子，令讀者欲罷不能，不得不一日又一日、一周又一周地買報紙追看。久而久之，這些作家的寫作技巧也漸漸達到登峰造極的境界。

這些廣受歡迎的連載故事，其後成為促進報業興旺發展的動

力。雖然報紙最初刊登連載小說的目的是為了提升每日銷量，但令人意想不到的是，這些連載小說的影響力竟然遠不止於此。由於這種說故事方式深受人們喜愛，推高報紙銷路，遂吸引商業廣告紛至沓來，為報業帶來額外收益。這些作家的成功以及他們獨特的寫作技巧和風格，亦漸漸引起香港以外地區如中國內地、台灣以至世界各地華人社區的注意。

在芸芸作家中，表現最出眾的首推筆名「金庸」的查良鏞先生。他的文學作品建基於其深厚的中國古典文學和歷史根底上。金庸於1950年代來港後開始寫作生涯，最初替本港一家電影製片商擔任編劇，不過在其後十數年，他成為了武俠連載小說大師，以優美流暢的文筆寫出歷史背景豐富的長篇故事，所講述的年代通常是中國被北面或西面外族入侵的動亂時期，增加了故事的真實感和懷舊之情。

金庸最初在報章以連載形式撰寫武俠小說，由於故事大受歡迎，他不但聲名卓著，贏得大量擁躉，他的作品甚至成為了同類小說的典範。他的故事人物多數是社會的邊緣人，主線情節總是糅合了人類深刻的感情，如愛情、友誼、忠誠等，再加上一些家喻戶曉的民間和歷史故事，還有各式各樣的武術打鬥，个過金庸卻從不歌頌暴力。至於支線情節則往往帶出倫理道德問題，好像對與錯、好與壞、富與貧、君與民等等，故事內容娛樂性十分豐富，令人著迷。金庸不單是一名無人能及的小說家，更是開創武俠小說的鼻祖，使香港成為武俠小說這個新品種的發源地。我正是一名金庸小說迷，唸高中時便開始追看他的連載武俠小說，有一次在上課時偷

看金庸武俠小說剛好被老師捉個正著，沒收了我的書本，現在回想起來也感到十分慚愧。

金庸的作品很快便在世界各地的華語社區掀起熱潮，甚至有人說有中國人的地方就有金庸的小說。他後來把自己所寫的連載武俠小說全部匯編成書出版，在華語社區成為暢銷書籍。其後金庸的作品更被翻譯成日文及韓文，在日本和韓國風行一時，尤其在日本，因為他筆下一些英雄與日本的武士十分近似，很能引起共鳴。近年，金庸的小說甚至開始在英語世界面世，《射鵰英雄傳》便是最新出版的一部英語翻譯作品。此外，金庸多部武俠小說亦被改編成電影和電視劇，很多時更被重複製作成多個版本。以我所知，過去數十年來，其中一部小說在香港和中國內地便被拍成最少六套不同版本的電視劇。

踏入 2000 年，金庸已成為了一名傳奇人物，是香港流行文化發展先鋒中的表表者。直到今日，無論何時何地，每當有人提起金庸這位作家時，都會說他是一名來自香港的作家。

我自己常常重讀金庸的小說，不過發覺很難向西方讀者介紹他的作品。或許可以嘗試將它們形容為《哈利波特》（*Harry Potter*）與《星球大戰》（*Star Wars*）的混合體，又或者是《魔戒》（*The Lord of the Rings*）跟《權力遊戲》（*Game of Thrones*）的結合。

金庸不但成功替自己建立起武俠小說作家的超然地位，又成了一名見解精闢敏銳的時事評論員，剖析中國內地、台灣及香港的政治局勢。與此同時，他更充分發揮了企業家才華，借助自己的名氣

開辦出版社，業務蒸蒸日上，成為促進香港出版業興旺發展的其中一股主要動力。在當時香港這個英國殖民地，書刊出版業的規模有限，而且普遍以出版英語刊物為主，在金庸創辦出版社之前，香港很少出版綜合中文書刊的機構，因此他的成就可謂史無前例。

金庸創辦了香港首個同時出版報紙、周刊和月刊的集團，涵蓋各種類的主題，由新聞時事以至中國文學、歷史、文化等，不一而足，是世界上同類綜合出版集團的先鋒。以今日的標準來說，他可以被稱為商業大亨，不過，在全球各地許多華人眼中，他更是一位知識廣博，且對中國文學及文化有深厚修養和情感的文人。

金庸的商業成就達到巔峰境界，從以下例子可見一斑。他的出版集團旗下有一份每星期日出版的周刊，這本雜誌剛推出便立刻引起哄動，後來更成為了香港人每星期日必讀的刊物。這份周刊不談政治，不報道新聞，主要披露社會名人的各種八卦新聞，刊登時髦生活方式與潮流的彩色圖片，發表點評電影、音樂、消費品的文章，以及由著名作家和專欄作家執筆撰寫輕鬆小品文。這本包羅各種潮流文化的中文雜誌，最能迎合當時的社會環境，也正正是香港人需要的精神食糧。

就在這時，香港開始推行一星期工作六天的制度，讓許多人可以在星期日休息。不少香港人最愛於星期日一家大小上酒樓飲茶吃點心，這個習慣成了每星期人們期盼的活動。我也不例外，每星期日都跟媽媽和兄姊到酒樓飲茶。我當時便留意到一個很特別的社會現象，就是在人山人海的酒樓內，差不多每張餐桌上都有一份上述

那本逢星期日出版的雜誌，這是人們將習慣演變成文化的一個典型例子。

我可以肯定地說，跟我同一時間在香港成長的一輩，對金庸時代都擁有美好的回憶，因為在那些年我們或多或少都一定看過他撰寫或出版的書報刊物。

電影業和李小龍

與此同時，香港電影業亦蓬勃發展。對香港人來說，上戲院看電影是一項非常普遍的消閒活動。在 1950 及 1960 年代，所有最受歡迎的電影都是荷里活作品，雖然也有一些港產黑白片，但一般都是在短時間內匆匆完成的廉價製作，據說部分更只用七天便完成拍攝，因此通常質素欠佳，市場受眾也有限。這些港產片並非主流，受歡迎程度遠遠不及荷里活電影，也不會在大戲院放映。不過，到1960 年代末，一些香港邵氏兄弟影業製作的彩色電影開始成功登上本地票房排行榜。

及至 1970 年代初，隨著傳奇人物李小龍從美國西雅圖回港，香港電影業出現了翻天覆地的轉變。李小龍在美國出生，但由於他在香港長大及接受教育，直至十多歲才返回美國，因此人們一般都視他為香港人。

李小龍是在全球掀起功夫熱潮的風雲人物。他回港後最初在本地電影演出，但不久即兼任導演。他的武打片主要展現一對一的赤手空拳式打鬥，所有拳腳盡是他獨創的功夫，動作快、狠、準，令

人目不暇給。功夫這個特別名詞遂應運而生，始創人李小龍亦在國際打響名堂。

功夫是一種特別的中國武術，以速度及力度見稱，在轉瞬間攻與守、進與退互相交替。功夫格鬥跟摔角和柔道不同，沒有特定的規則，其中的奧妙必須親眼看見才能夠領略。李小龍是功夫的首位全球推廣者兼大師，在他之前，大部分動作片的打鬥場面都經過編輯和剪接，但李小龍的打鬥場面則強調高速反應，整個身體的肌肉和動作表現均衡悅目，再加上充滿能量、憤怒甚至仇恨的面部表情，這種結合功夫打鬥與面部表情的拍攝手法，成為了純以刺激視覺和娛樂享受為主的現代電影的完美典範。李小龍一手把這些香港功夫片的武打元素引進國際電影圈，在世界各地開創了功夫片這個片種，一時譽滿全球。他的影響力更歷久不衰，其中一個例子可見於二十多年後荷里活拍攝的猛片《22 世紀殺人網絡》（*The Matrix*），片中一些令人瞠目結舌、嘆為觀止的打鬥場面，跟李小龍的動作如出一轍。該片更專程從香港請來一位著名的功夫教練，精心編排武打場面，同時訓練和指導主角奇洛李維斯（Keanu Reeves）的武打動作。這部電影在世界各地大受歡迎，該名功夫教練應記一功。

直到今天，每當人們提起李小龍時，都會聯想到香港和功夫。沒有李小龍，就沒有功夫這個世界潮流。

這時的香港電影業開始步入黃金期，除了功夫片外，港產喜劇也表現出色。早期一系列港產喜劇主要由許氏兄弟製作演出，劇情多數是描述一個騙子在生活艱難的社會鑽空子謀生。另一名具影響

力的喜劇演員是周星馳，他的作品都非常賣座，劇中不少對白更被香港人經常引述為日常用語，特別受年青人歡迎。在這段黃金時期，港產片的票房收益屢創新高，甚至將荷里活猛片給比下去。

隨著香港電影業發展興旺，與電影製作相關的專業人才及技能，例如編劇、攝影、導演、演出和故事情節等，均逐漸由以武打為主的功夫片延伸到各種類型的電影，不少港產片甚至在多個國際電影節獲獎。

其中一類揚名海外的港產片種是警匪片。2002 年，香港上映了一部由本地人編劇、製作並主演的警匪片，劇情是描述一名警察臥底和一名黑社會臥底的故事。這部電影不但在香港大受歡迎，打破歷來票房紀錄，同時引起國際注目，不久便被一名全球知名的導演購買該片版權，將故事改編為一套荷里活電影，並於 2006 年放映，其後更贏得四項奧斯卡獎（The Oscars），包括最佳導演及最佳影片。然而，可笑的是，當該片導演出席由美國電影藝術與科學學院舉辦的奧斯卡頒獎典禮，發表獲獎演說時，竟然錯把影片的原著歸功於日本而非香港！相信讀者一定知道我所講的是哪一部電影。

電視業

電視業在豐富香港本土文化方面也扮演著重要角色。香港第一個免費無線電視台──電視廣播有限公司（無線電視）於 1967 年成立，開辦時間可謂正合時宜，因為當時六七暴動剛結束不久，香港人經歷過社會動盪不安後，深感疲累，這個能為他們帶來免費娛樂

的電視台，正好像一支強心針，使他們精神為之一振。無線電視是一個商業機構，收入全部來自廣告，最初只是報道新聞、播放體育節目和一些粵語配音的外國片集等，沒有任何自家製作的電視劇。其第一輯自行製作的劇集是每天下午播放 15 分鐘的節目。其後無線電視開始投資開設藝員訓練班，培訓年輕男女演員，同時籌組自己的編劇團隊。

無線電視製作了一個叫做《歡樂今宵》的直播綜藝節目，周一至周五晚上 9 點半到 11 點播出，每次更邀請大約 300 名觀眾到現場觀看。《歡樂今宵》於 1967 年 11 月首播後即引起哄動，大受市民歡迎，一些人甚至視之為每晚必看的節目。香港從來沒有一個好像這樣的電視綜藝節目，它持續播放了 27 年，到 1994 年才停播，足足一整代的香港人與它一起成長甚至變老，在這 27 年間，《歡樂今宵》無疑是香港文化的一部分。

此外，於 1970 及 1980 年代，無線電視開始製作自己的劇集，這些每套最少有 60 集的電視劇，通常在黃昏的黃金時段播出，廣受人們熱愛，是家家戶戶晚飯時的好伴侶。一套又一套的熱播劇集，成為了大多數香港人生活的一部分。這些劇作同時為不少演員和導演提供了一個演練才華的平台，其中許多演員更成了知名的偶像，由電視小屏幕跳到戲院大銀幕，成為家喻戶曉的大明星。

在芸芸偶像派明星中，周潤發是最出色的一位，直至目前為止，他可以說是最受香港人歡迎的演員。雖然他曾一度前往荷里活發展，拍攝了一些非常成功的電影，例如與茱迪科士打（Jodie

Foster）合演的現代版《國王與我》（*The King and I*）等，但在荷里活闖蕩數年後，周潤發決定返回他的老家香港，繼續在本港拍電影。今天，他的受歡迎程度跟當年沒有分別，他是大眾公認的香港代表性人物。

在商營電視台及電影商紛紛製作娛樂性豐富的節目和影片的同時，由政府資助的香港電台也開始在電視節目製作方面作出重大貢獻。香港電台的強項是攝製有關香港歷史的紀錄片，以及報道、剖析和評論各種社會問題的時事節目，這些節目很多時更尋訪真人現身說法。香港電台又製作了一個叫《獅子山下》的劇集系列，故事內容主要觸及一些當時迫切的社會問題。《獅子山下》的成功之處在於能夠發揚「香港精神」，這是一直以來其他劇集系列不能做到的，而且它的製作過程與一般電視劇集不同，乃是採取跟拍攝電影一樣的手法。這套劇集製作認真，題材針對種種社會問題，例如露宿者、越南難民以及一些被這個日益富裕的社會遺忘的邊緣群體等。它替貧苦無助的弱勢社群發聲，所傳達的信息深深打動人心。由於攝製團隊經常進行實地拍攝，所以劇情更加逼真，而且團隊堅持以不偏不倚的立場向公眾傳遞清晰的信息，每一集均如實述說香港故事，讓觀眾自行判斷和取捨其中的觀點。《獅子山下》與無線電視所拍的具娛樂性的劇集不同，卻被公認為是最好的電視劇集之一，還在多個國際電視節上贏得不少獎項。多年後，每當我在英國重溫其中部分劇集時，我仍然十分欣賞這些作品和深受感動。假若讀者也想緬懷過去一番，可以上 YouTube 搜尋看看。

無線電視和香港電台的角色可以說是相輔相成。無線電視主要製作娛樂性豐富兼具商業價值的節目；香港電台則攝製探討社會問題的節目，內容發人深省。除了無線電視和香港電台之外，還有前身是麗的映聲的亞洲電視，它的定位介乎無線電視與香港電台之間，可惜在當今的互聯網及串流時代，亞洲電視無法生存，終於在2016年結束免費電視營運。

音樂界

1960年代以前，香港的流行音樂樂壇一直由歐西流行曲主導，雖然當時也有一些中國流行樂曲，但主要都是由上海來港的音樂人作曲、填詞和主唱的國語歌曲。由於上海是1949年前中國最為現代化和開放的大都會，又是接觸西方文化的先行城市之一，因此這些來自上海的音樂人可以說是國內第一代接觸西方流行音樂的音樂人，他們作品的風格大多模仿美國1930至1940年代抒情歌手所唱的歌曲。這類稱為國語時代曲的嶄新曲種，最初於1930至1940年代在上海風行一時，其中大部分是由女歌手主唱的情歌，也是當時被公認為最時髦優美的樂曲，一些上海商人移居香港時也把這些歌曲的潮流帶來香港。但對於好像我這輩於1960年代在香港成長的人來說，則比較喜愛西方搖滾樂曲，尤其是英國的披頭四和美國的貓王皮禮士利等。當時香港本地流行樂壇的潮流是由流行歌手自組樂隊，隊員包括結他手和鼓手等，主要唱英語流行曲。

至於其後興起的粵語流行曲，最先一首流行起來的是無線電視

第一部小型劇集的主題曲。這些用廣東話唱出的歌曲，悅耳動聽，節奏明快，而且曲調和歌詞流暢，令人容易朗朗上口，產生共鳴，往往會不自覺地隨著音樂一同哼起來。這個由本地人作曲填詞的新潮流，為不少音樂人和歌手提供了開拓新天地的機會。經過多年的發展，這些樂壇歌手跟電影明星一樣，成為大受歡迎的偶像，他們推出的新歌接連登上流行榜，唱片銷路甚至超越了歐西流行歌手的作品。其中一些本港歌手舉行的個人演唱會更備受矚目，往往一票難求，他們的歌迷擁躉及唱片銷路很快便衝出香港，遍及中國內地和多個海外華人社區。

在這裏值得特別一提的，是知名粵語流行歌手許冠傑。他是香港大學的畢業生，在大學唸書時已經開始在校園附近一家酒廊餐廳唱歌賺取外快，後來發展成為歌手、作曲家及演員。許冠傑不但有一把清脆的歌聲，而且他所寫的歌詞完全反映出香港普羅大眾的心聲。他的歌曲有柔和悅耳的，也有節奏明快的；至於他的歌詞，則往往尖銳風趣，同時又能發人深省。對我來說，其中一些歌詞更含有深奧的人生哲理。他似乎毫不費勁的便能透過他的音樂和歌詞，唱出香港人的感受，引起人們的共鳴，這點的確是無人能及，他的一些歌詞甚至成了不朽的名句。香港流行樂壇上的許冠傑，與出版界的金庸、功夫世界的李小龍、電影圈的周潤發，可謂並駕齊驅。

由此可見，從 1960 年代末到 2010 年代初，香港的本土流行文化蓬勃發展，其中主要體現在出版界以及包括電影、電視和音樂的娛樂界，成為了香港人生活不可或缺的一部分。於這段期間，香港

的流行文化日益成熟，創造了屬於自己的風格和特色。

　　與 1960 年代我眼見的披頭四狂熱現象不同，香港流行文化是經過一段時間逐漸形成的，因此並沒有掀起狂熱。香港流行文化是東方與西方文化融匯交流的結果，以各種不同形式展現出豐富的藝術及創作才華，並發展成一門親切感人、歷久不衰的藝術。

　　我認為香港流行文化取得如此成就的最主要原因，是大多數本地人覺得只有這些文化才最能代表香港的生活方式，這是其他文化所做不到，也是香港獨有的。因此，久而久之，香港人與這些流行文化建立了緊密的連結，而其中各種流行文化互相交織，形成香港人身分認同的標記。

　　流行文化的其中一個定義是能夠跨越地域界限。香港流行文化在發展高峰期，也蔓延至中國內地和海外華僑社區，並且大受歡迎。因此「香港製造」這個標籤並不單單指香港生產出口的玩具或電子手錶，同時亦指香港輸出的流行文化。

　　假若有朝一日有一個關於香港的展覽或博物館陳列，相信這些流行文化必定會是香港故事中一個不可分割的重要部分。

　　於我個人來說，直到今天，我仍然清楚記得很多香港粵語流行曲的曲調和歌詞，更可以隨著樂曲唱起來。此外，在我的腦海中，金庸武俠小說的故事內容和人物對白仍然記憶猶新，一些港產電影的情節和場景也歷歷在目。我懷著愉快、親切和驕傲的心情跟讀者分享這一切，是希望可以引起大家的共鳴，認同香港本土流行文化的重要性和成就。

第六章

———

成功重塑經濟

　　在香港邁進黃金期之前，其經濟發展主要建基於一個出口導向、勞力密集的低技術製造業上。於 1960 及 1970 年代，香港製造的出口產品以紡織品、手錶、玩具、電子產品、假髮和塑膠花為主。由於當時香港沒有與時俱進的保護勞工法例，也尚未訂立最低工資，因此各類產品的整體生產成本得以大大降低，這些成本低廉、品質優良的香港產品，與西方經濟大國的同類產品相比，出口價格甚具競爭力。再者，當時正值消費、零售及購物潮流蔚然成風，美國、英國以及歐洲多國的經濟主要由消費品需求帶動，故此質優價廉的香港產品，大部分均出口供銷到這些經濟發達的西方市場。

沿價值鏈往上移

隨著經濟繁榮發展，工人階級逐漸從勞力密集的藍領工種轉而成為從事安坐辦公室的白領職位，以致香港勞動成本日益上升。由於香港是一個國際免稅港，對來自世界各地的進口產品免徵關稅及銷售稅，因此得以借助這個機會發揮其作為購物天堂的優勢。與此同時，香港政府亦著手推動本港成為一處旅遊勝地，開展被稱為「無煙工業」的服務業。

香港擁有大量引人入勝的旅遊資源，例如景色優美的維多利亞港、各具特色的離島、壯麗的山嶺、海港兩岸的現代化高樓大廈等。此外，香港是一個免稅購物天堂和位於亞洲的國際交通樞紐，又是東西方文化的交匯點，西方遊客不但可以在這裏體驗到東方神秘的異國風情和文化，更可以感受到這個英國最後一個殖民地的浪漫氣氛。以上種種有利條件，推動著香港成為世界上最受歡迎的旅遊城市之一。

香港在各地遊客心目中成功建立起購物天堂和「東方之珠」的地位後，開始致力沿著經濟發展的價值鏈向上移動，把過去由製造業主導的經濟轉型為服務型經濟，大部分工廠亦相繼北移到毗鄰的深圳經濟特區。深圳除了吸納香港製造業的巨額投資之外，還得到中央政府的支持，得以從一個於 1960 年代只有三萬人口的小漁村，發展成為一個現代大都會。今天，深圳市人口已達 1,400 萬，及至 2018 年，深圳的本地生產總值更超越了香港。

香港在實行經濟轉型過程中取得的一項重要成就，是躍升為地位僅次於紐約、倫敦和東京的國際金融中心。據 2020 年 6 月出版的一期《經濟學人》指出，現時香港甚至已超越東京，成為繼紐約及倫敦之後的全球第三大金融中心，並在首次公開招股（IPO）方面排名世界第一，協助私營公司作首次公開招股，在香港股票市場上市集資，擴充業務。

香港經濟能夠成功轉型，主要有賴兩個因素。

首先，自 1950 年代以來的數十年間，香港政府施行的核心經濟政策一直保持不變，施政原則以自由市場模式為基礎，減少規管條例，徵收低入息稅（標準稅率僅為 15%），不徵資本增值稅及銷售稅，以及政府儘量採取不干預政策。在這個透明穩定、監管寬鬆和手續簡單的制度下，香港打造了一個理想的營商環境，讓私營公司和企業可以有更大自由進行投資。

第二個因素是時機。正當香港在擴展業務方面困難重重（如工業用地不足、勞工短缺及勞工成本上升）之際，中國內地於 1979 年推行改革開放政策。在該政策下，香港邊境以北的深圳經濟特區為本港製造業提供了一個理想基地，讓港商得以積極進行資本投資，大大擴張生產規模。香港製造業遂開始大量北移，在深圳及其周邊地區投入豐厚資金，開設工廠以提高生產能力。深圳的發展吸引了大量來自全國各地的年青工人，前來尋找工作機會。深圳為香港提供基礎設施滿足發展製造業的需要，而香港則為深圳及其鄰近地區（如東莞等）提供資金、現代化的工廠管理、產品設計、生產和分

銷等技能。漸漸地，香港演變成一個貿易中心，將華南地區製造的產品出口到世界各地。1980 年代，香港擁有全球最繁忙及吞吐量最大的貨櫃碼頭之一，充分反映出本港所處理的出口貨物大幅增長的趨勢。

與此同時，中國在改革開放政策下，亦需要吸納巨額的直接外來投資，以發展經濟。擁有先進金融知識及經驗的香港，遂成了中國招商引資的主要渠道，積極為國家籌集資金和吸引外匯。因此可以說，中國在經濟現代化方面取得如此驕人成績，在適當時間佔有適當位置的香港，實在功不可沒。

股票市場

香港的股票市場最能反映香港經濟的蛻變和轉型。於 1960 至 1970 年代香港股市發展的最初階段，市場主要由英資公司操控。其後慢慢到了 1980 年代，隨著港人對複雜的金融投資專業，例如地產行業等知識漸長，由本地富豪擁有的港資公司上市日多。及至 2010 年代，香港股票市場上的藍籌股，大多數是總部設於中國內地、從事朝陽工業的公司。這些朝陽工業包括金融科技、電子商務、通訊、軟件應用、生物科技，以及製造藥物和健康產品的製藥業等。這些主要在中國內地營業賺取利潤的公司，紛紛在香港聯合交易所上市，部分更在紐約證券交易所上市，藉此在國際資本市場集資擴展全球業務。2020 年，《福布斯》（Forbes）雜誌公佈的世界十大公司中，有四家都是總部設於中國內地但有在香港上市的公司。

國際金融機構進駐香港

　　有鑑於中國成功推行改革開放以及香港在過去數十年來累積了豐富的財經專業知識，外國金融機構和投資銀行紛紛在香港設立辦事處，差不多所有美國、英國、日本及歐洲的大型銀行和投資銀行，都把它們亞洲地區的總部設於香港，為進軍龐大的中國市場部署。與此同時，香港其他服務業也蓬勃發展，包括會計及審計、地產發展及地產經銷、管理顧問和國際律師行等。隨著越來越多外籍人士來港工作，他們的子女需要在香港接受教育，因此教授美式或英式課程的私立學校不斷增加。這些在港工作的跨國公司高級行政人員，尤其是來自美國的人士，都希望自己的兒女接受與美國制度接軌的美式教育，而入讀國際學校的學生，好處是可以直接報考美國大學。雖然這些國際學校最初主要是為外籍人士的子女而設，但它們後來也逐漸受到本地學生青睞，只要他們的家長負擔得起高昂的學費便可報讀。

　　雖然香港成功轉型為一個國際金融中心，但也遇到不少挑戰和挫折，其中最矚目的莫過於 1997 年的亞洲金融風暴和 2008 年的全球金融危機。可幸的是，香港都能安然渡過這兩個危機，進一步鞏固其金融中心的地位。

　　香港不但成功發展成全球首要的國際金融中心之一，亦擁有東南亞商貿樞紐的地位；不過與此同時，香港製造業式微，不再是本土經濟的重要支柱。根據香港特區政府發表的數據顯示，2019 年，

750 萬人口的香港，在全球進出口貿易中，名列第八大商品貿易體系，至於中國、美國和德國則分別高踞首三位。在香港的貨物吞吐量中，轉運（即經香港轉口往世界各地的貨物）佔超過一半，其中中國內地生產的貨品約佔 40%。位處南中國海的優越地理位置，推動香港建設了具規模的運輸及物流基礎設施，包括排名全球前十的貨櫃碼頭和最繁忙的國際貨運機場。

香港貿易發展局的角色

在中國推行改革開放政策但經濟尚未起飛前，香港已經開始探索及建立其作為國際商貿中心的地位。而在推動香港演變成貿易平台的過程中，香港貿易發展局扮演了關鍵的角色。這個半官方機構可以說是世界上同類機構的先鋒，成立目的是向全球展示香港在貿易方面獨有的效率和能力。它的設立充分印證 1960 年代香港早期商界領袖的遠見，他們當時已洞悉到貿易將會成為香港最重要的經濟發展動力。

香港貿易發展局於 1966 年成立，翌年即爆發由塑膠花廠勞資糾紛引起的六七暴動。由於當時社會動盪不安、人心惶惶，大家都對暴亂及香港前途深感擔憂，有些人甚至選擇離開。但隨著中國表明香港可保留其英國殖民地的地位之後，暴動逐漸平息，高瞻遠矚的貿易發展局創辦人即決定化危為機，銳意透過推廣香港的貿易優勢，協助本港商界與世界各地同業建立聯繫。

多年來，香港貿易發展局是促進香港成為商業城市的一股重要

動力，成績有目共睹。該局在推動港商與世界各地商界建立聯繫方面，發揮了政府所不能發揮的作用，因此可以說是香港經濟成功路上的關鍵角色。貿易發展局擁有豐富的商貿經驗和知識，換言之，該局負責向外推廣香港作為商貿中心的信息，跟旅遊發展局負責推廣香港作為旅遊勝地同樣成效卓著。目前，貿易發展局每年舉辦三十多個展覽會，其中九個更是全球同類展覽中規模最大者。該局又與香港政府共同擁有享譽國際的香港會議展覽中心，這個位於維多利亞港旁、聳立在填海土地上的會展中心，是香港的地標，可媲美澳洲悉尼港的悉尼歌劇院。

香港貿易發展局在世界各地設有約 50 個辦事處，遍佈全球六大洲。該局的一項重大貢獻，是協助中國內地發展經濟。由於中國於 1979 年實施改革開放時，香港是英國殖民地，因此即使中國已對外開放並在全球積極進行貿易，但港英政府仍不能在中國設立任何官方代表機構。然而，貿易發展局憑著一個非官方機構的身分，可以在國內開設辦事處。在這環境下，該局同時發揮了推動香港和中國內地貿易的重要雙重功能，憑藉它建立的廣泛國際網絡，中國內地企業不但能與香港市場聯繫，更可以通過香港與世界各地市場聯繫。貿易發展局又為在內地開展及擴張業務的港商提供支援，是香港、中國和世界各地的理想貿易中介。透過該局，各方不但可以締造通商機會，更可以交流貿易經驗，互相學習。貿易發展局這些功能及角色，不論在 1997 年之前或之後都維持不變，隨著中國的市場經濟不斷發展、成熟，該局在今天所發揮的作用甚至比過去更加重要。

一個 750 萬人口、面積只有一千多平方公里的城市能夠取得如此佳績，還有其他甚麼較為客觀的指標，可以量度她的成功和國際地位呢？我相信以下因素可以作出解釋：

　　1. 2018 年，香港在聯合國人類發展指數（Human Development Index, HDI）中，與德國共同排名第四，緊隨挪威、瑞士及愛爾蘭之後，而美國和英國則並列第 15 位。該指數是一個統計綜合指數，涵蓋某一國家或地區人民的平均壽命、教育（包括識字率和不同程度教育機構的入學率）以及人均收入。由於許多人都視平均壽命為量度醫療服務的直接指標，因此它也是衡量一個社會健康狀況的尺度。人類發展指數比人們常用的本地生產總值（GDP）提供更多有關一個國家或地區的資訊，如教育和健康狀況這兩個現代社會的支柱。

　　2. 2018 年，到訪香港的旅客達 6,600 萬名；相比之下，2011 年遊客數目只有 3,600 萬。

　　3. 2019 年，香港在世界經濟論壇（World Economic Forum）的全球競爭力排名榜上位列第三，僅在新加坡和美國之後。

　　4. 2019 年，香港連續 25 年在美國傳統基金會（Heritage Foundation）的經濟自由度指數中高踞首位。該基金會是一個總部設於美國華盛頓的保守智庫，在公共政策制訂方面具有重大影響力，尤以美國為然。

　　5. 根據 2020 年《福布斯》雜誌其中一期報道，香港是繼紐約之後第二座億萬富翁數目最多的城市，又是世界上超高淨值人士最

密集的城市。

6. 2020 年，香港的經商便利度，在國際金融公司／世界銀行排名榜上位列全球第三。

第七章

——

卓越的公共服務

　　要評估一座城市是否先進及現代化，當地公共服務的表現、效率和便利度往往是最佳指標。其中所涉範圍廣泛，包括公共及私營交通運輸是否方便廉宜、教育是否普及、醫療服務及臨床水平是否優良、娛樂服務是否多元化、酒店餐飲服務和緊急服務是否適切等。假若所有這些服務都能達到一定標準，該城市才會被評為一座適宜居住的城市。在香港，以上各項服務都絕不低於國際水平，事實上，多年來香港提供的這些服務一直備受讚譽。

公共交通服務

　　在上述所有服務中，表現最出眾的首推公共交通服務。香港的

公共交通服務效率高超、方便快捷、收費低廉，不單獲得來自世界各地的遊客稱許，即使本地居民也深表讚賞。假若有人問香港市民哪樣公共服務排名第一，他們必定會說是交通服務。公共交通服務跟教育或醫療服務不同，教育主要教導需要學習的人，醫療旨在醫治需要治療的人，而公共交通服務則為社會上每一個人每日的出行提供便利。

香港人口密度高，人們若要由一個地方前往另一個地方，假如沒有效率高超的鐵路網絡的話，可能便會整天被繁忙堵塞的交通所困。香港的鐵路系統覆蓋範圍廣泛，而且港鐵站大都分佈在方便地點，因此本港最多人使用港鐵作為主要的交通工具。曾經有人對我誇口說，在港鐵網絡內相距最遠的兩個站之間往來，所需的交通時間不超過 75 分鐘。此外，港鐵系統跟路面上的巴士、的士和小巴接駁緊密，當乘客從港鐵站出來後，若要轉乘其他交通工具，大可選擇巴士、的士或小巴，前往他們的目的地。由於各線巴士、小巴和的士與港鐵相互連接，因此由一種交通工具轉乘另一種交通工具，只需數分鐘的路程。還有，許多港鐵站均直接貫通一些大型商場，人們在回家途中若要購買日用品，可謂十分方便。每當我在香港需要出席會議或晚飯聚會時，我總會先規劃一下公共交通路線，我可以隨意選擇乘搭巴士或是港鐵，視乎哪種交通較方便。不過，我個人通常比較喜歡坐巴士，因為巴士不但座位舒適，而且我可以在一路上欣賞沿途的風景，甚或看書。

在香港乘搭各種公共交通工具只需使用八達通儲值卡，便可不

用購買車票。我相信香港的公共交通系統是世界上最早使用這種先進電子交易方式的網絡。

近年，倫敦的公共交通系統也推出一款仿似香港八達通的儲值卡，名叫 Oyster Card（蠔卡）。不過，相比之下，香港的八達通比倫敦的蠔卡更方便，因為人們在香港不論光顧 7-11 便利店、超級市場、快餐店或任何與該系統聯網的商戶，都可以用八達通付款。現時，無現金的電子交易在香港已經十分普遍，不過中國內地在這方面更為先進。

香港還有一種公共交通工具是世界上許多其他大城市所沒有的，就是渡海小輪。香港離岸有很多島嶼，其中部分更有不少人居住，因此必須有一個高效的渡輪系統，接載人們往來離島與香港島及九龍之間。在各條渡輪航線之中，最引人入勝的莫過於往來維多利亞港兩岸、穿梭香港島與九龍半島之間的天星小輪。這段大約短短九分鐘的航程，人們可飽覽港九維港兩岸優美的景色，是不論本地人或遊客都不可錯過的難忘體驗。每當我身處香港，假若情況許可的話，我必定會乘搭天星小輪，一邊沐浴在帶著海水鹹味的清新海風中，一邊飽覽維港景色。在我心中，這更是一個重溫往日的懷舊之旅，因為在 1960 年代中至 1970 年代初我上中學的七年間，差不多每天都乘搭這條航線來回香港島與九龍。

香港公共交通系統的另一特色，就是它是一個由鐵路、巴士、渡輪、小巴和的士相互交織連結的網絡，雖然這些交通工具均由不同公司擁有，但它們之間並不彼此競爭，而是相輔相成，以合理的

收費和最短的時間，為人們提供高效的交通服務。

此外，在西方多個國家，每逢節日，例如英國的聖誕節，公共交通服務都會減少班次甚至停駛。但香港卻剛好相反，在聖誕、除夕和農曆新年等重大節日，均會延長公共交通工具的服務時間，方便市民出外參加派對、觀賞煙花或探望親戚朋友。香港公共交通工具還有一項值得讚揚的服務，就是為殘疾人士提供特殊協助。舉例來說，坐輪椅人士乘搭港鐵時，港鐵公司會特別安排員工協助其上落列車；乘搭巴士的話，車長則會在車站親自下車放下設於車門的輪椅斜板，為輪椅乘客提供無障礙通道上落。坦白說，我從來沒有見過倫敦地鐵有這樣的服務。

香港完善的公共交通系統，還有一項服務，就是每當有颱風迫近本港時，各種公共交通工具會按照天文台的預測和建議，在停止服務前幾小時提早通知市民，讓人們有足夠時間安全有序地返家。於過去九年我不斷往返香港與深圳的工作歲月中，每次刮颱風時，這項妥善的安排都使我留下深刻印象。

過去九年間，不少朋友經常勸我在香港買一輛汽車代步，但我的答案總是「我並沒有這個需要」，因為在香港開車實在要承受太大壓力，包括面對交通擠塞、尋找路線、泊車、維修保養、保險等等，我反而認為居住在香港而不買汽車是一件可以提高生活素質的事情。為了證明自己是對的，我曾經計算過，在香港擁有一輛汽車，每年的花費是英國的六倍。在英國，駕車代步是必須的；但在香港，有車是一種奢侈。

教育服務

　　香港推行的教育制度質素優良，因此本地公立及私立學校均同樣達到卓越的國際水平，只是私立學校的學費比公立學校貴得多。本港大部分學校由政府資助，為學童提供免費教育。不過，一些水平特高的學校選擇參加「直接資助計劃」，以便實施自由收生政策和不受政府派位限制。這些直資學校教授的課程與公立學校課程大同小異，但是學位競爭卻非常激烈。一般來說，希望子女入讀直資學校的家長，會早於孩子的嬰兒階段便開始做好準備，而小朋友要考入頂尖幼稚園或小學，則必須通過嚴格的考試及面試，因為校方會挑選表現最佳及最聰明的幼童。當然，這種做法受到不少人的嚴厲批評。

　　香港也有多所國際學校，它們原本專為從英國、美國及歐洲來港工作的外籍人士子女而設，一般採取小班教學，課程與英美模式一致，比較注重運動、藝術和音樂等課外活動。由於國際學校畢業生的成績獲得外國承認，因此他們有較大機會考進歐美的大學。

　　近數十年來，國際學校日益受到香港本地華人歡迎，尤其是希望子女可以到外國接受高等教育的父母，可是這些學校的學費非常高昂。根據教育資訊網站 Edarabia 估計，每名在香港接受私立國際學校教育的學生，需要港幣 300 萬元，即每年平均費用達 18 萬元，這個數額尚未包括大學學費和住宿費。國際學校的教師主要是來自海外的高學歷合資格人士。由於這些學校是自負盈虧的牟利機構，

因此錄取家庭背景富裕的學生可確保校方有利可圖。許多國際學校更舉辦各項籌款活動，不少得到家長的熱烈支持。一些學校甚至要求家長繳付學前訂金，即在兒童還未達入學年齡前，便要先付費預訂學位。目前香港有大約 1,000 所本地中、小學校，只有 74 所國際學校，因此要入讀這些國際學校，競爭非常劇烈。

視乎學生的學習能力和家長的經濟條件，香港有大量公立及私立學校可供選擇。在這公私立學校相輔相成的模式下，特區政府秉持著不會忽略任何一個小孩的原則，保證為每名兒童提供接受教育的機會；可是，在香港接受教育仍然必須面對激烈的競爭。不過奇怪的是，很多時這些競爭主要來自好勝心強及望子成龍的家長，而非小孩本身。

香港也擁有一套優質的高等教育制度。目前全港共有 22 家頒授學位的專上教育學府，其中八家由政府資助。根據 2019 年《泰晤士高等教育世界大學排名》（*Times Higher Education World University Rankings*），在香港這個人口只有 750 萬的城市，有三家大學名列前茅，分別是列入世界 50 強的香港大學和香港科技大學，以及排第 53 名的香港中文大學。如此驕人的成績，全球沒有任何一個人口相若的城市可與之相比。香港的大學所提供的課程，大部分均採用英語作為教學媒介，多個課程在海外均享有良好聲譽。近年，不少來自中國內地和世界各地的學生都選擇到香港接受高等教育。由於香港的專上教育機構由政府資助，因此香港居民就讀大學的學費十分低廉。

醫療服務

　　醫療也是香港一項主要的公共服務。由於香港於 1997 年前是英國殖民地，故其醫療制度主要採用英國模式，基本上與英國的國家醫療服務體系（National Health Service, NHS）無異。也就是說，每名香港市民都可享有由政府通過稅收補助的免費醫療服務。香港特區政府與英國政府不同之處是，香港並不徵收國家保險稅來補貼國民福利的經費，不過特區政府現已開始鼓勵市民參與數年前推出的「自願醫保計劃」。香港醫療系統與英國醫療體系最大的分別是，香港有一個發展蓬勃的私營醫療部門，包括多間管理完善的中型私家醫院，為市民提供優良的醫療服務。香港的醫療跟教育一樣，採取公私協作的模式，而且公營醫療部門與私營醫療部門所提供的服務水平均甚高，可與世界各個發達經濟體的醫療體系看齊。

　　公營醫療部門面對的最大問題不是服務水平，而是服務供應未能追上日益上升的需求，尤其是香港人口現正不斷老化。許多時，患有非致命疾病（例如白內障或風濕等）的病人，需要輪候數月甚至數年才有機會在公立醫院做手術。至於需要使用最新抗癌藥物之類的昂貴治療，政府則實施一個用者自付制度，由患者支付額外的費用。

　　香港差不多所有醫療及醫護人員均在本地受訓，海外專業人士則必須接受執業考試，領取執業牌照後方可在本港行醫。

　　本地有兩家醫學院，分別設於香港大學及香港中文大學，課程

每年合共會培訓大約 400 名醫科畢業生。但按目前標準來說，這個數目遠遠未能滿足人口日漸老化的香港社會需要。香港的醫學教育採用英語授課，在世界各地聲譽卓著。在支援醫學方面，本地的高等教育學院提供一系列與醫療相關的專業學位課程，包括護士、藥劑師、物理治療師、放射技師以及化驗室技術人員等，他們的專業水平也甚高。

　　香港這個醫療和教育均由公營與私營部門共同提供服務的體制，獲得普羅大眾的高度認同。在此體制下，私營部門可為有經濟能力的人士提供多一項選擇，同時也可讓公營部門有更多資源為不能負擔或不願意繳付高昂費用的有需要人士提供服務，令醫療和教育兩者均能有效運作，深得市民信任。

　　從上文可見，香港擁有多項支撐現代社會所需的要素，包括蓬勃發展的經濟、日益富裕的人民、一套培養人們知識及技能的全面教育制度、一套能保證市民健康的高水平醫療系統，還有一支為人民服務的清廉高效公務員隊伍，難怪香港能在聯合國的人類發展指數中穩佔高位。

第八章

———

積德行善與善長仁翁

　　香港雖然是一個富裕社會，可是她跟許多其他現代城市一樣，有不少貧窮人家和弱勢社群，而社會又不能寄望政府完全負起照顧這些窮人的經濟責任，尤其是昔日的香港並沒有一套先進的社會安全網政策，保障失業人士或無能力工作的市民。由於香港自 1950 年代以來一直奉行低入息稅政策，因此西方社會主要通過徵收較高入息稅以補貼社會福利的體制在香港並不存在。

　　香港施行自由市場和低稅率政策，取得異常成功。反對社會保障安全網的經濟學家及政客指出，透過徵收較高入息稅來補貼社會福利的做法，會使人們缺乏動力去賺取更多金錢，同時產生「我賺錢越多，繳交的稅款也越多」的負面心態，甚至造成有悖常理的依

賴社會福利的文化。他們認為當社會提供一個自由開放及具競爭力的市場，讓人們可以自由爭取財富時，其經濟（本地生產總值）便能得到最佳的發展。這些提倡自由市場的人士，最初由一班經濟學家組成，其中最著名的莫如諾貝爾經濟學獎得主、芝加哥經濟學院的佛利民。這個學派又主張自由貿易、小政府和貨幣主義，同時認為大政府和太多規條，往往會窒礙經濟增長。

這個倡議與二次大戰後主要在西歐及北歐國家興起的社會民主模式形成強烈對比。在社會民主模式下，政府有義務照顧窮人，透過徵收高稅，為社會提供一個慷慨寬大的福利制度。這些在西歐及北歐國家施行的安全網及社會福利政策，曾一度是世界各地羨慕的對象。我並非經濟學家，因此未能就以上兩個制度的優劣提供深入的洞見，不過在我看來，自由市場小政府模式有助促進經濟增長，而安全網模式則可營造一個較公平的社會。

香港沒有社會安全網，因此生活拮据的失業人士，往往需要倚靠親朋戚友接濟，有些人為了存活更被迫鋌而走險。於 1950 至 1960 年代的香港，乞丐在街上行乞討飯甚至歹徒公然搶劫的現象，可謂見怪不怪，直至 1970 年代政府才逐步推出一些社會福利政策。

可幸的是，香港經濟在數十年間不斷繁榮增長，隨著社會日益富裕，人們逐漸意識到有必要去照顧窮人，也感覺到要對弱勢社群負起社會責任。於是，一些富有人家和小康之家開始參與各種慈善行動，這股風氣更由當時延續到今天，使行善成了香港的一個特色。在這背景下，不少學校、醫院大樓、社區中心和大學研究中心

等，都由善長仁翁捐款蓋建，並以捐贈者命名；此外又有多個由自願團體成立的慈善基金，援助社會上的弱勢社群。在各個慈善機構中，以東華三院、保良局、香港公益金和香港賽馬會最為熱心公益，長久以來為香港人的福祉貢獻良多，我稱它們為香港社區的恩人。

東華三院

東華三院（即東華醫院、廣華醫院及東華東院）早於 1870 年成立，是香港歷史最悠久及規模最大的慈善機構，在全港設有超過 300 個服務單位，提供廣泛的醫療、教育及社區服務。

東華三院在香港早年殖民地時代由一群既成功又熱心的本地華籍商人建立，其中位於港島的東華醫院，是港英時代第一家專為本地華人服務的醫院，由一些本地富有人士成立，以中藥救治病患。

1894 年，在中國內地爆發的鼠疫蔓延至香港。其時本港衛生條件差，許多市民受到感染，而更可悲的是，大多數感染鼠疫死亡的窮人因為沒錢殮葬，屍首只好被棄置街頭。東華醫院在當時擔當救治病患的重要角色，後來更加入西醫藥療法治療鼠疫，和協助死者家人埋葬屍體。到了今天，東華三院仍然活躍於社區服務，規模不但比從前擴大了多倍，更成為本港教育及醫療服務的主要提供者。

保良局

19 世紀時，拐賣婦孺的風氣在香港和中國內地甚為猖獗，歹徒

肆意誘拐年幼女童及婦女賣給富有人家作「妹仔」，終生服侍主人。這些妹仔由於沒有機會接受教育，通常都目不識丁。保良局於 1878 年在香港成立，宗旨是「保赤安良」，主要針對這種毫不文明的惡行，負責照顧那些被誘拐的婦女、被遺棄甚或是孤兒的可憐女童，保護她們免被拐賣為「妹仔」，同時更為她們提供住宿及教育。時至今日，雖然拐賣活動早已銷聲匿跡，但保良局仍然積極從事善舉，舉辦各種社會公益活動。目前該局屬下共有超過 200 個服務單位，遍佈港九新界，提供包括社會和教育服務等的各種各樣服務，同時營辦回收中心、康樂中心、文化中心等。

香港公益金

香港公益金於 1968 年 11 月 8 日成立。這個獨立的非政府、非牟利機構，是香港最重要的慈善組織之一，主力統一籌募善款，資助社會福利機構，讓它們可以專心發展服務。由於其行政費用由香港賽馬會贊助，因此可以在毋須扣除行政費用下，將所籌得的善款全數撥予旗下社會福利機構。公益金舉辦的大型籌款活動包括百萬行、商業機構贊助的半馬拉松賽事、電視綜藝節目、賣旗日等。2019/2020 年度，公益金共撥款超過三億港元予其會員社福機構。

香港賽馬會

成立於 1884 年的香港賽馬會，是香港最具規模的慈善組織，也是本地歷史最悠久的機構之一。該會於 1959 年獲頒皇家憲章命名為

「英皇御准香港賽馬會」。但其後有見及香港回歸中國,遂於 1996年回復採用香港賽馬會這個原名。

香港賽馬會(簡稱馬會)是一個專供會員享用的私人會所。若有人要加入成為會員,必須由該會一位名譽董事、名譽遴選會員或遴選會員提名,同時獲另一位名譽董事、名譽遴選會員或遴選會員附議,再加上三名會員認可,方可申請會籍。並非所有會員都擁有遴選權,只有會內地位崇高的人士才有資格成為遴選會員。雖然賽馬是香港賽馬會的主要事業,但該會亦為其屬下 23,000 名會員提供餐飲、社交、體育、康樂等服務及活動。

一般來說,要加入馬會殊不容易,只有社會賢達才有資格成為會員,因此很多香港人都視擁有馬會會籍為高尚社會地位的標誌。令人覺得諷刺的是,熱愛賽馬並不是成為會員的條件,而擁有特殊背景的人、專業人士或人脈廣闊的商人往往較有機會成功申請入會。

馬會提供的各項服務,只有會員才可以享用。會員類別也分多種,包括普通非遴選會員、遴選會員,以及最高級別的名譽董事等。名譽董事通常是財力豐厚的富豪、社會地位崇高的人士,或在其所屬專業具有影響力的業界翹楚。不論在殖民地年代或目前的特別行政區時代,能夠成為馬會董事,都會被許多人視為名副其實的香港社會精英。

香港賽馬會除了是社會地位和精英主義的象徵外,它多年來在香港慈善事業方面所做的一切也不容低估。它的種種重大善舉對香港社會貢獻良多,這個獨特角色,世界上沒有任何其他博彩機構可

比。馬會獨立自主運作，由董事會聘請專業人士負責管理，它在香港的社會地位，可以說是樹立了一個典範，充分展現出一個私人會所如何在其所在地從事慈善活動，造福當地人民。香港賽馬會僅在香港營運，在海外並沒有附屬機構。這許多年來，香港人對馬會一直充滿敬意。

首先，雖然馬會舉辦賽馬，又是香港唯一一家獲政府發牌的博彩機構，但它卻是一個非牟利組織，這是香港賽馬會與其他博彩機構最根本上的分別。例如在有「東方拉斯維加斯」之稱的澳門，當地富麗堂皇的賭場全部都是牟利機構。

香港賽馬會獲香港政府授權獨家經營賽馬博彩、六合彩、足智彩（海外足球博彩）等，是香港最大的納稅人，又是回饋社會最多的公益機構。在 2018/2019 財政年度，香港賽馬會向特區政府繳納的稅款大破紀錄，高達 233 億港元，批出的慈善捐款數額為 43 億港元，用於資助社會各種不同需要，為建設更美好的香港作出貢獻。馬會又積極撥款發展多個迎合社會迫切需要的項目，例如設立診所、長者居所、善終服務院舍和體育設施等。

樂善好施的香港人

除了上述四大慈善機構之外，香港還有許多善長仁翁，以個人身分或名義慷慨解囊，捐款予學校、醫院、大學等，其中不少更在社會有特別需要時給予額外捐助，例如 2020 年，在香港爆發新冠肺炎疫情期間，一些慈善家便捐出款項為醫護人員添置醫療器材和個

人防護裝置，以及購買口罩免費送贈市民等。在上文第二章提及，香港有幾個家族經常捐出巨款贊助各項慈善活動，其中包括嘉道理、何東、李氏、郭氏、馮氏及鄧氏家族等，這些大家族不單商業成就家喻戶曉，其善行亦深受香港人敬重。此外，過去多年來，許多其他樂善好施的家族在慈善公益方面所作的捐獻，與這些大家族不遑多讓，只是他們大都選擇以無名氏身分從事善舉。慈善捐輸和義務工作是香港生活的一個重要部分，可是卻甚少獲得西方媒體報道或讚揚。

截至 2019 年底，已向香港稅務局登記註冊獲免繳稅的慈善機構約有 9,000 家。西諺有云：「行善要從家庭做起。」在香港這個彈丸之地，港人的樂善好施精神值得敬佩。2008 年中國四川省汶川大地震發生後，香港一共籌集了 220 億港元善款援助地震災民，數額龐大。根據紀錄，這次汶川大地震中，來自香港的賑災善款，是除中國內地外捐助最多的地區。

第九章

——

香港的挑戰

　　人生從來都不是風平浪靜，社會也不例外，每個社會都有其挑戰。香港雖然在多方面取得驕人成就，但亦曾遭遇不少重大挑戰，一些挑戰甚至可以說是難以克服。

　　究竟香港所面對的真正挑戰是甚麼呢？在目前瞬息萬變的全球環境下，香港多年來奉行自由市場經濟以致取得成功的政策，有沒有造成任何損害本港利益的長遠影響呢？香港享有的繁榮有沒有令她固步自封，以為只要堅守自由市場經濟原則便會一切無風無浪呢？假若是的話，香港的繁榮與她遇到的挑戰又有沒有任何因果關係呢？

　　本章主要探討香港面對的挑戰，並嘗試解釋它們的緣由，希望

可以就如何應對這些挑戰，提供一點意見。

房屋

對香港絕大多數年輕一輩來說，住屋問題是生活的最大挑戰。香港的地產價格和房租位居全球最高之列，鑑於過去數十年來經濟不斷增長，本港房屋市場長期暢旺，以致大部分人的財富和資產增值均來自地產買賣。許多人認為在香港投資房地產不但回報最高，也最安全，特別是香港並不徵收資產增值稅，遺產稅亦相對寬鬆，因此本地人一向都視此為穩賺不賠的最佳投資。在這種投資心態下，買賣地產便成了香港人積聚財富的一個主要方法，這個方法與世界各地大不相同，因為其他地方的致富途徑往往比較多元化。

在這環境下，香港地產發展商先後紛紛成為富豪，不過這些富豪卻說不上是企業家，因為他們的生意單單只有房地產業務，並不涉及任何創意或創新技能，他們只是一些自 1950 年代以來一直採用同一模式經營業務的精明果敢地產發展商而已。唯一值得稱許的，是他們的遠見，就是當看見香港的人口和財富節節上升、房屋需求相應不斷增加時，便敏銳地察覺到興建及供應私人房屋可帶來豐厚收益，於是在這方面積極投資。這些地產發展商不斷投資房地產，並將所得利潤再投資蓋建更多房屋，同時通過投標買地興建商場、屋苑及商業樓宇，累積了大量財富。由於他們投得的土地主要位於公共交通便利的地點，因此吸引不少新冒起的中產階級遷移到這些設施齊全的住宅區，帶動地產價格節節上升，租金也不斷上漲，繼

而吸引許多私人投資者購買房屋出租，賺取租金回報，這種買屋收租的投資策略多年來一直十分成功。過去數十年來，地產價格持續向上，只有數次出現短暫調整，但不久隨即反彈。此外，這個買屋收租的賺錢方法，非常簡單容易，不但為投資者帶來穩定收入，而且賣出房屋時又毋須繳付資產增值稅。

根據 Statista 統計數據庫的資料顯示，2020 年，香港房地產價格在全世界高踞首位，住宅均價高達 125 萬美元。必須指出一點，這個數目是指所有在市場上出售的房地產平均價格，並未把房屋的平均面積或所在地區計算在內。換言之，這個平均價未能反映位於豪宅區與位於平民區的房屋之間的龐大價格差距。在這背景下，過去一度在香港十分盛行的買屋出租現象，現在回報率只得 2.35%，以致這個趨勢已開始減退，因為購房投資金額高但租金回報低，令過去喜歡買屋收租的人士覺得利潤已不再可觀。

由於香港房屋價格高昂，很多年青人甚至中產階級除非得到父母的資助，否則都沒有足夠經濟能力購買自己的物業。根據香港特區政府統計處資料顯示，2020 年，在全港住房物業中，自置居所住戶佔 51.5%，租戶佔 44.7%。相比之下，在人們常用來與香港比較的新加坡，自置居所比例達 91%；至於中國內地、美國及英國的自置居所比例，亦均較香港為高。這些數據顯示，縱使香港的人均收入較高，但房地產價格卻非一般人所能負擔。

在香港地產物業價值不斷上升的環境下，擁有物業的人士資產持續增加，而沒有物業的人士則陷入無法置業的困局。地產物業價

值越高，業主的資產越豐厚，無樓階級也被拋離得越遠，無法追上，久而久之，收入不均的情況日益嚴重，這個問題亦變得越難克服。

收入不均

堅尼系數（Gini coefficient）是一個用來衡量社會貧富差距的粗略指標，0 表示收入分配公平，1 表示分配不公。2016 年，香港的堅尼系數為 0.539，是有紀錄的 45 年以來最高。相比之下，同年美國的堅尼系數是 0.411，新加坡（香港的主要競爭對手）是 0.4579，英國為 0.348。香港社會收入不均，加上地產物業價格不斷攀升，意味著一般屬於中產階層的市民難以有能力購買一個不錯的單位。當我們再看看另一個統計數字時，這個堅尼系數偏高的現象更值得令人關注。根據國際貨幣基金組織公佈的資料顯示，2020 年，香港經購買力平價調整後的人均本地生產總值（GDP per capita），在全球排名高踞第十位。香港這個堅尼系數以及人均本地生產總值同處高位的獨特現象，突顯了香港社會貧富懸殊的結構性問題。

在人多數發達經濟體系，一對賺取平均收入的夫婦若要購買自己的物業，可謂毫無困難，例如根據一般英國標準，他們有足夠能力購買一間有三個睡房及一個小花園的半獨立式洋房。英國政府的統計數字顯示，位於倫敦市外的這類洋房的平均價格相當於 270 萬港元，而坐落倫敦市內的同類洋房售價則為大約 660 萬港元。有見及此，大部分最近移民到英國的香港人都選擇倫敦以外的地區作為

落腳之地。

在香港，多項調查均顯示，租金或房貸分期付款是受薪階級的主要經濟負擔。據本港一家房地產經紀行估計，2018年，房貸分期付款平均佔人們總收入的60%，甚至可能高達70%。相比之下，英國的平均佔比只為約20%。

對於勞動階級及低收入人士來說，要擁有一個安全清潔的居住環境十分困難，甚至是遙不可及，至於社會最底層人士的居住條件，更是惡劣不堪。儘管政府嘗試興建更多公共房屋，可是總是供不應求。此外，雖然土地供應數量由特區政府決定，並以招標拍賣方式賣地，但興建住宅樓宇供應市場的行動卻掌握在地產發展商手中。由於香港只有少數發展商，難免會形成壟斷的情況，市場競爭不充分下，亦可能令房地產價格保持高企。

在這情況下，大部分年輕一輩都要與父母居住在同一屋簷下或租住一個小單位。假若有年輕人擁有自置物業，相信不少都是得到父母的經濟援助，也就是稱為「父母銀行」的社會現象。2020年《經濟學人》一篇文章估計，今天年輕一代的債務有高達40%由父母負擔。雖然香港並沒有這方面的數據，但相信這個數字一定更高。為人父母者不惜在經濟上支持子女，加上香港只徵收寬鬆的遺產稅，自然造成人們將財富傳給後代的現象。換言之，一般人不論生前或死後，財產都會留存在家人手中。由此看來，假若一名賺取平均收入的打工一族擁有物業，大多不是獲得銀行提供的按揭，而是來自父母給予的資助，即現在香港人所說的「父幹」。

由於香港人的收入增長不能追上生活成本指數的上升，尤其在房屋方面，因此許多經濟學家及社會學家均認為收入不均是香港一個結構性問題。事實上，這個結構性問題也是由二次大戰後港英政府的經濟政策造成，即一直奉行促進商業、徵收低稅和積極不干預的政策，政府以自由市場原則支撐經濟增長，而非用稅收解決社會問題。

　　雖然整體來說，這個經濟政策大大推動了香港的發展，而本港的社會福利服務也自 1970 年代以來逐步有所改善，但遺憾的是，不管香港有多成功和進步，政府卻始終未能實施一套計劃周詳、長遠全面的房屋政策，加上香港只有少數具財力的地產發展商主導市場，壟斷情況難免妨礙了政府推行可持續發展的長期房屋政策。

　　以上所述是造成香港房屋問題的主因，還有就是政府從來沒有視解決公共房屋供應不足為優先考慮的政策。這些年來，無論對或錯，許多人都批評政府過分維護利益掛帥的營商環境，同時又緊緊控制發展房屋用的土地供應，有些人甚至認為政府刻意限制土地供應，並與大型地產商聯手確保市場供求總是對供應方有利。

　　政府嚴格控制土地供應，以及多年來公共房屋供應嚴重不足（輪候分配公屋的時間平均超過五年）的情況，顯然對地產發展商有利而普羅大眾受害。結果大部分市民只能在私人市場購買或租住房屋以滿足需求，導致房地產價格上漲至一般人不能負擔的水平，因為市民的工資增長遠遠追不上樓價升幅，年青人除非得到父母的資助，否則很難買得起房子。

堅尼系數不會騙人，我從來沒有遇過或聽過任何香港人否認本港收入不均的現象。人們只需走訪香港低下階層居住的區域，便可以看到弱勢社群的居住環境是何等不堪和令人心痛。住在那裏的人並不一定是失業人士，他們有工作，不過往往是工資十分低廉的體力勞動工種。至於沒有工作、單靠微薄社會福利金生活的人，他們的居住環境一般更為惡劣。

　　在此值得特別一提的，是香港一些低收入人士居住的「劏房」。劏房這個香港獨特的現象，是指業主將一個普通住宅單位分間成多個細小的獨立單位，出租給房客。通常每間劏房都設有最基本的煮食和衛生設備，但由於分間劏房時要拆除原有牆壁、加建隔牆，以及加裝或更改喉管，因此往往會影響樓宇的結構安全和衛生環境，一旦爆發傳染病，這些地方更可能變成細菌和病毒滋生的溫床。雖然劏房可以讓租客擁有一點點隱私，但他們卻要付出安全和衛生沒有保障的代價。

　　據估計，全港約有 28 萬人住在劏房或其他條件同樣惡劣的居所，其中大部分都位於殘舊的住宅樓宇。許多劏房的面積甚至比監獄囚倉還要小。根據香港社區組織協會一項調查顯示，2020 年，居住劏房的市民主要是低收入家庭及人士，部分正領取綜援，沒有間隔的劏房人均居住面積中位數是 100 平方呎，板間房 60 平方呎。

　　除了劏房外，令人感到更汗顏的是「籠屋」這個香港社會產物。雖然籠屋是 1950 及 1960 年代大量內地移民來港時產生並遺留至今的現象，但是在一個好像香港這樣現代化的國際城市，籠屋根本不

應該存在。可是，根據特區政府 2007 年發表的報告指出，估計全港仍有 53,200 人住在籠屋。

香港政府為了處理迫切的住房問題，遂成立了香港房屋委員會。這個政府轄下的法定組織，負責處理所有與房屋相關的事務，主要職能是策劃、興建及管理香港的出租公共房屋，服務對象是負擔不起租住私人物業的低收入家庭。截至 2020 年 9 月底，約有多達 156,400 宗一般公屋申請，以及約 103,600 宗配額及計分制下的非長者一人申請。一般申請的平均輪候時間為 5.6 年，如此漫長的輪候時間，很多人都認為難以接受。明顯地，房屋需求遠遠超過供應，政府實在需要在這方面多作一點努力。

當我於 2012 年回到香港並來回深圳工作時，雖然一些朋友力勸我在香港購買物業，但我始終都不為所動，理由很簡單，就是我根本買不起。假若我賣掉在英國的房子，所得的金錢僅足夠我在香港買一個 40 平方米的細小單位，而且只能是位於普通住宅區內一幢超過十年樓齡大廈、沒有車位的三、四手單位。正如本章上文所說，2020 年香港的住宅均價高達 125 萬美元，比我在英國的房子貴得多。

填海造地

香港特區政府於 2018 年的施政報告提出雄心勃勃的「明日大嶼」大型發展項目，計劃在大嶼山周邊進行填海工程，主要目的是提供價格相宜的住宅用地。整個項目的概念就好像是興建一個城中

城。可是，到目前為止，這個計劃可以說是雷聲大雨點小，尚未公佈任何詳情，也沒有人知道將涉及多少資金投入，不過相信造價必定會是天文數字。

還有，這類大型基建項目經常都超出預算，而且牽涉的金額動輒數以千億港元計；此外，沒有人知道這個「明日大嶼」項目會對野生動物棲息地帶來怎樣的環境影響，一旦造成破壞便不可逆轉。因此在現階段，該項目充其量只可說是一個願景。鑑於近年香港所有大型基建項目，不論是興建大橋或是新港鐵線，全部都出現預算超支，難怪公眾對這項耗用巨額公帑的計劃存疑。畢竟要建造一個城中城，很有可能會導致該城內外都破產。

除了「明日大嶼」填海計劃之外，另一項香港正積極考慮的發展，是致力進一步融入粵港澳大灣區。粵港澳大灣區覆蓋廣東省九個城市，加上香港及澳門兩個特別行政區，是一個更高瞻遠矚和積極進取的項目。這個廣大區域內的各個城市，可以互相整合及共享專業知識和資源。反觀「明日大嶼」則完全不同，是一個全新的填海基建項目，不論興建新土地、新房屋或新交通運輸系統，一切都要由零開始，它唯一吸引之處是早期填海所得的土地不會落入大地產商手中。我個人認為，融入粵港澳大灣區比「明日大嶼」更實際，因為區內差不多所有基建都已齊全，只需整合各個城市的資源，便可打造一個嶄新的龐大經濟區。我將會在第十一章詳細論述粵港澳大灣區。

人口老化

　　人口迅速老化是香港必須面對的另一個嚴峻社會問題。根據政府統計處 2020 年的資料顯示，估計到 2039 年中時，本港人口將升至 810 萬，即 20 年間增長約 8%，而且人口正不斷老化。

　　預計 65 歲以上人士佔總人口的比例將由 2019 年的 18.4% 大幅增至 2039 年的 33.3%，人口的年齡中位數亦由 45.5 歲升至 52.5 歲。

　　目前，香港是世界上人均年齡最高的地區，超越傳統上居首位的日本和瑞士。根據聯合國資料顯示，自 2018 年以來，香港人的平均壽命一直位列榜首，而資訊網站 MacroTrends 發表的最新數字，也確認香港繼續保持為全球人均壽命最長的地區。1958 年，也就是我父母把我從上海帶來香港的翌年，香港人的平均壽命是 65.88 歲，到了逾半世紀後的 2020 年，這個數字已上升至 84.89 歲。

　　對任何社會來說，人民高壽的確是好事，我們愛小孩也愛長者，香港成為世界上人均壽命最高的地區，實在值得我們高興。香港人如此長壽的主要原因，是本地公共衛生及醫療服務優良，人們的營養也大有改善，對此香港人應該感到驕傲。在香港，市民不論在公營或私營部門都可以獲得高水平的醫療服務，而且老人科醫護服務先進，又得到其他配套服務的強大支援，例如物理治療、康復護理、日間照顧中心以及社區老人院舍等。此外，照顧長者並非單單醫治他們的長期疾病，同時亦要在一個讓他們感到安全、熟悉及舒適的環境下，為他們提供支援和康復服務。在這方面，香港真是

做得十分出色。

香港人長壽還有其他原因。對長者來說，有人陪伴非常重要。在香港，有一定數目的老人選擇跟兒孫一起生活，這也是中國人傳統孝道的體現。例如我 96 歲的媽媽，便與我哥哥一家居住。換言之，有相當數目的香港老人都得到良好照顧，較少感到寂寞或被忽略。再者，本港老人相比外國較少患有與抽煙或酗酒相關的疾病。此外，北美及歐洲等地區的冬季氣候嚴寒，長者在此環境下容易著涼生病，更可能會引起併發症；而香港溫暖潮濕的天氣則對老人有利，充足的陽光亦為他們提供大量維他命 D。還有一點，就是健康的飲食習慣，香港人的煮食方法以蒸和炒居多，較少吃鹽分及脂肪含量高的煎炸食物，主要吃白飯、青菜和魚，跟目前流行的地中海飲食習慣相似。中國人一般又較少吃甜品等糖分高的食物，相比之下，西方人不但愛吃甜品和糖果，還往往在甜品加上忌廉甚至重乳脂忌廉。因此相對外國，香港長者較少患上由飲食引起的疾病。

由此看來，優質完善的醫療服務，加上中國人照顧長輩的傳統文化、溫暖的天氣以及健康的飲食習慣，是導致香港人長壽的原因。在香港，老年人獨居的情況相對外國較少，因此老人感覺寂寞或被社會遺忘的社會問題比外國少。

出生率低

人口統計不單看人口老化走勢，也要看出生率。造成香港人口老化問題嚴重的一個因素，是本地出生率為全球最低之一。根據世

界銀行 2018 年的最新數字顯示，香港每位女性的生育率只有 1.1，而香港的英文報紙《南華早報》（*South China Morning Post*）亦於 2018 年報道，本港的出生率在世界上排名第四最低。

香港出生率偏低的原因並不是貧窮或醫療服務不足，而是當今年青一輩偏向不生育，或是選擇只生一名小孩。這個出生率低兼人口老化的現象，在未來數十年勢必大大改變香港的人口結構，並隨之帶來各種相關的社會、健康及經濟問題。

根據聯合國標準，一個社會若要維持世代更替和人口長期穩定發展，每位女性的生育率須達 2.1。本港多項調查顯示，房屋價格高昂以及養育兒女支出龐大（尤其是想為子女提供良好的教育），是造成人們不願意生兒育女的主要原因。根據香港婦聯 2018 年一項調查發現，在 813 名本地受訪者中，只有 47% 表示願意生孩子，同時指出房屋問題是影響他們這個決定的首要因素。

香港出生率偏低，加上市民壽命全球最長，意味著人數比例不斷縮減的年青一輩必須負上照顧人口比例持續增加的老人的責任和費用。許多評論員、社會學家和經濟學家都指出，這是香港所要面對的一個最嚴峻的中長期挑戰。隨著時間一分一秒地流逝，這個社會經濟問題勢將日益迫切。

總的來說，香港特區面對的最大社會經濟挑戰是房屋短缺、收入不均、人口迅速老化和出生率偏低。

過去兩年來，香港還有一項與管治及未來相關的重大挑戰，就是在「一國兩制」下，香港的生活方式必須與中國內地接軌，可是

怎樣才可以在最少的張力下順利接軌呢？香港人已經習慣了在一個資本主義社會生活，不論其中的各種利與弊，都是他們生活的一部分；至於內地人則習慣了在一個由國家主導的社會主義社會生活，縱使當中帶有一點資本主義色彩以及不同的利與弊，但這也是他們生活的一部分。因此，兩地融合實在毫不簡單。

鑑於所有這些重大的政治、社會和經濟問題都需要答案，我嘗試在這裏作一預測。我深信只要香港和內地兩個制度完全接軌，並在「一國」原則下發揮「兩制」的優勢和強項，才可以為香港的未來帶來最大好處。若要達致這個目標，在兩制融合的過程中，現有制度下的兩地人民都必須作出一定程度的妥協。我將在下一章討論這個議題。

第十章

香港特別行政區的管治：「一國兩制」

　　香港前途是 1982 年 9 月時任英國首相戴卓爾夫人訪京開啟中英會談時的主要議題，隨後雙方在中國領導人鄧小平的直接參與下舉行正式談判。雙方成立中英聯合聯絡小組，就香港前途問題定期進行深入商討。

　　經過多輪談判後，兩國終於在 1984 年 12 月簽訂《中英聯合聲明》，申明香港將回歸中國，該份文件於 1985 年 6 月 12 日由中國及英國政府送交聯合國秘書處登記。根據這份聲明，英國政府將於 1997 年 7 月 1 日把香港交還中國，由中國政府恢復對香港行使主權，在此，香港包括香港島、九龍半島以及租約於 1997 年 6 月 30 日屆滿的新界。

《中英聯合聲明》同時闡明，回歸後的香港將按照「一國兩制」方針管治，「兩制」是指中國共產黨於 1949 年執掌中國後所採取的社會主義制度，以及香港作為英國管治的殖民地時所實施的資本主義制度。此外，在中華人民共和國授權下成立的香港特別行政區，將由經選舉產生並獲北京認可的行政長官取代港英時代的總督，負責管治香港。香港特別行政區行政長官（特首）的選舉辦法，會由設有 1,200 名成員的選舉委員會投票選出，委員會成員均為代表香港各界利益的社會賢達。

　　在「一國兩制」下，由 1997 年 7 月 1 日起，除外交及國防事務外，香港特區可享有高度自治權。香港現行的社會、經濟制度以及生活方式將維持 50 年不變。香港特區將根據《基本法》保障市民的人身、言論、新聞、出版、集會、結社、旅行、遷徙、通訊、罷工、職業選擇、學術研究、宗教信仰等各項權利和自由；同時，私人財產、企業所有權、合法繼承權以及外來投資等均受法律保護。

　　香港將保持自由港和單獨關稅區的地位，繼續施行自由貿易政策，包括貨物及資本自由流動。

　　香港亦將保持其國際金融中心地位，資金可自由進出；港幣亦可在國際資本市場繼續流通及自由兌換。香港特區可授權指定銀行根據法定權限繼續發行港幣。

　　以上《中英聯合聲明》的主要內容，是確保香港人的生活方式在香港回歸中國後繼續維持不變的基礎。

　　要進一步分析這些細節，必須從三個不同角度加以思考，每個

角度都具有充分理由確保《中英聯合聲明》得以成功履行和香港順利回歸祖國。

首先，對於在中國共產黨統治下的中華人民共和國來說，這是一件歷史大事，就是在中國歷史最黑暗時期（1842-1949）割讓給外國強權為殖民地的香港，可以和平地回歸祖國，讓中國恢復對她行使主權。此外，簽訂《中英聯合聲明》時，正好遇上中國另一件歷史大事，就是國家剛開始推行改革開放政策，因此在時間上確保了香港可以充分利用她與內地毗鄰的優勢，以先進知識技術，為國家改革開放作出貢獻。在 1984 年《中英聯合聲明》簽署以前，香港經濟一直蓬勃發展，各方相信簽署聲明後其經濟亦會進一步增長，並在回歸後，繼續維持繁榮穩定。而中國在實施改革開放方面，也需要借助香港的知識技能促進國家的經濟發展，因此對中國來說，不論在經濟增長或國家主權方面，都是一個雙贏局面。事實上，到 2010 年，即施行改革開放三十多年後，中國在脫貧方面取得重大成功，使六億人口擺脫了聯合國所定義的貧困，創造了人類脫貧歷史上前所未有的奇蹟。

在中國內地人民心目中，香港回歸祖國充分象徵了國家復興，此後數十年中國亦將和平崛起，因此香港回歸給全國同胞帶來莫大的喜悅。不但他們如此，絕大多數香港人也感受到這份喜悅。《中英聯合聲明》為內地人民和香港市民提供了一段過渡期，讓雙方在「一國兩制」下互相適應；與此同時，兩個不同制度下的人又可以彼此學習，相得益彰。這份聲明在中國內地備受關注，北京更在天安門

廣場豎立了一個大鐘，倒數至 1997 年 7 月 1 日凌晨零時。對全國人民來說，香港回歸標誌著一個歷史的錯誤得以修正，國家一度所受的屈辱也得到平反。

在英國方面，有見及自己多年來的管治使香港取得極大成功，並令其獲得「東方之珠」的美譽，當然希望能夠繼續治理香港。假若可行的話，更可以在推動香港成為國際商貿、金融、銀行、會計及運輸中心方面居功，因為香港在這些範疇都成績斐然，而其中大部分行業均由駐港的英資公司管理，例如滙豐銀行、怡和洋行、太古集團（屬下擁有香港的國泰航空）等。此外，英國又可以通過香港這個重要跳板，積極參與中國的改革開放計劃，從中建立強大的政治及經濟影響力。簡而言之，英國實在萬分不願意放棄香港這顆明珠。不過，鑑於中國明確表示高度重視國家主權和領土完整，英國只好同意交出香港，同時也明白到簽訂《中英聯合聲明》有助其繼續與中國保持利好的外交及經濟關係。

對香港人來說，這份聲明之所以重要，卻是基於一些不同的原因。香港華人都非常清楚地認識到香港的歷史以及她在甚麼背景下成為英國殖民地，他們亦非常清楚殖民統治終有一天會完結，並且接受香港不論過去或將來都應該是中國的一部分，這個政治現實是不容爭議也不容挑戰的。然而，另一個現實是，大多數香港人都是於 1950、1960 及 1970 年代由內地移居這裏尋找更美好生活的一群，這些移民聽聞過香港成功和光明的一面，他們希望成為其中一分子，後來也成為了其中一分子。這是他們來香港的原因。

在中國實施改革開放政策之前，曾發生了多場與意識形態有關的政治運動，其中又以 1966 至 1976 年歷時十年的「文化大革命」最為慘烈。這場運動所造成的動亂和對人民所帶來的苦難，範圍之廣實在難以估計，也在許多由內地來港謀生的移民心中留下深刻的烙印。

因此之故，於 1980 年代早期當中英雙方最初就香港前途舉行會談時，香港人都極度關心回歸後能否保持原有的生活方式，這種建立在自由市場原則上的生活方式，給香港人帶來極大的經濟自由，讓他們可以逐步創造財富，同時享有新聞、言論和發表意見的自由。香港社會由一支廉潔的公務員隊伍管治，人們在普通法下受到公平、可靠、獨立的司法制度保護。

在中英談判進行得如火如荼之際，香港人的焦慮也不斷加深，以致在一段短時間內出現大量人才外流，不少人紛紛移居美國、加拿大、英國及澳洲等國家。這個人才外流問題假若得不到妥善處理，勢必阻礙香港進一步發展。幸好這波移民潮並沒有持續太久，隨著「一國兩制」構思保證市民的生活方式不變，情況漸漸穩定下來之後，很多移民外國的人士相繼回流，繼續為香港作出貢獻。

中國政府在與英國談判期間，完全明白香港人關心的問題，也清楚知道香港在國際及對華商業貿易方面所扮演的重要角色。當港督麥理浩於 1979 年會見鄧小平時，他得到的主要信息是中國有意收回香港，但是投資者在 1997 年後可以放心繼續投資香港。現在回顧起來，鄧小平當時提出的保證的確非常有力，消除了投資者對 1997

年後的香港的疑慮。

　　從中國、英國和香港三方面角度來看，《中英聯合聲明》的內容確實能夠照顧到各方的利益。談判初期，許多香港人都感到十分不安，並對「一國兩制」的實施抱懷疑態度，因為這是一個史無前例的構思。

　　香港特別行政區自 1997 年成立以來，經歷了三場跟《中英聯合聲明》沒有關係的重大危機。首先是 1997 年的亞洲金融風暴，其次為 2003 年的「沙士」疫情，第三是 2008 年的全球金融危機。這三場危機分別對香港的經濟增長構成打擊，不過香港都一一安然渡過，不但沒有蒙受長期損失，經濟發展甚至比之前更強大、更蓬勃。

　　香港人普遍認為，要評估香港的狀況，只需看三個指標，就是房地產價格、恒生指數和中國的國內生產總值。自 1997 年以來，這三個指標與全球平均值比較都一直大幅增長，而且中國更冒起成為全球第二大經濟體。

　　社會動亂是香港回歸後所面對最嚴峻的危機，第一場是 2014 年由一些本地政客和學者就香港行政長官選舉辦法發起的政治運動。他們的訴求是爭取行政長官由普選產生，以取代現行由一個具代表性的選舉委員會投票選出。這個選舉委員會的委員由區域性組織代表及功能組別代表（包括香港多個界別，如醫療、教育、娛樂、金融、會計、零售等）組成。結果，中國全國人民代表大會常務委員會（人大常委會）於 2014 年 8 月通過關於行政長官普選辦法的決定，提出先由提名委員會選出兩至三名特首候選人，再由本港合資

格選民一人一票選出，而當選人必須經過北京中央政府任命，才可正式成為特首。當時這個稱為「831決定」的提議不獲爭取普選的人士接受，他們更發起了連串示威抗議。整個示威運動被稱為「雨傘運動」，得此名稱是因為示威者曾用雨傘抵擋警察的胡椒噴霧。在這場運動中，示威者佔領了特區政府總部四周以及附近商業中心區一帶，歷時長達81天，期間造成嚴重的交通癱瘓。雖然其後警方採取清場行動，運動得以平息，社會亦回復正常，但是事件埋下了不滿和怨恨的種子，形成一股暗流。

第二場社會運動發生於2019年，這場由管治危機引起的動亂直接威脅到香港在「一國兩制」下的存亡。觸發這次運動的原因是，一名香港居民在台灣謀殺了另一名香港居民，然後逃返香港。但由於香港與台灣之間並沒有引渡條約，因此疑犯未能被引渡到台灣受審。根據特首林鄭月娥認為，這是一個必須立刻堵塞的法律漏洞，因此提出要在香港訂立新的《逃犯條例》，以堵塞漏洞。問題是，由於香港與內地之間也沒有引渡協議，故此這條新例一旦通過，將會帶來深遠的政治影響，一些人甚至視此舉為直接違反「一國兩制」原則。

人們的憂慮是，香港一旦通過《逃犯條例》，即意味著任何被懷疑在中國內地犯事的香港居民，都可以被遣返內地受審，而他們所犯的錯失未必是刑事罪行。部分人擔憂的是，這些針對犯事的指控，可能是出於私人恩怨的商業糾紛或政治迫害。換言之，由於內地與香港的商業慣例有所不同，一些人擔心會出現別有用心的不公

允或沒有證據的指控，利用《逃犯條例》，將涉事香港居民引渡到內地法院審訊。

鑑於香港在《基本法》下實施獨立的司法制度，執行法律的手法亦與內地不同，因此許多在內地有大量生意、經營十分成功又有豐富中國貿易經驗的顯赫商人，都對《逃犯條例》表示關注。雖然特首林鄭月娥一度嘗試修改法例議案，以消除這些商人的憂慮，可是事件已敲響警鐘。香港人對修例事件的憂心，導致 2019 年 6、7 月份內出現多次大型遊行，每次均有超過一百萬人上街和平遊行，香港遂成了國際媒體及新聞注目的中心，示威遊行登上全球新聞頭條。最終，特區政府只好撤回《逃犯條例》的修訂，可是仍未能平息部分示威者的憤怒和怨氣，這些憤恨更演變成暴力和擾亂社會治安的行為，造成示威者與警察之間歷時多月的衝突，不少人更因此被捕。

到了 2020 年 5 月，香港的治安瀕臨崩潰，以致人大常委會匆匆通過一條《國家安全法》，並於同年 7 月 1 日起生效實施。《國安法》的執行，由一個新成立的駐港國安公署指揮及監管，該署由中國直接派駐香港的高級國安官員執掌。在這條新法例下，所有危害國家安全的示威或行動，以及勾結外國勢力或機構的行為，均屬違法，可被起訴，一經定罪，會遭重判入獄。特區政府亦可以向逃離香港尋求外國庇護的港人發出拘捕令。

國安法的實施，的確收到阻嚇作用，到 2020 年底已成功遏止街頭抗爭活動，香港也在表面上回復平靜，雖然整個 2020 年香港都在

新冠病毒疫情肆虐中渡過。實施《國安法》能否再次振興香港經濟向前邁進，目前尚屬未知之數，相信要經過多年才有定奪。在 2020年全年，甚至是 2021 年大部分時間，特區政府都要竭力應對新冠肺炎大流行。

第十一章

變幻中的新天地

處於十字路口的香港

有鑑於香港於 2019 至 2020 年所經歷的一切，香港的未來將會怎樣呢？

人生不可能永遠都一帆風順，總會有起伏跌宕。在個人層面，我們也永遠不能保證或期望可以常常取得成功。而對於一個好像香港這樣的社會來說，她的未來更是未可逆料，就好像一條船在波濤洶湧的大海中沒有定向地航行，安定的日子絕非必然，縱使許多時風和日麗、陽光燦爛，但同樣地，也會有烏雲滿佈、風雨來襲的時刻。總言之，假若我們能夠保持堅定不移，風暴將不會摧毀我們。事實上，逆境和困難往往可以磨練我們的堅忍和毅力，使我們剛強

起來，同時擴闊我們的視野，從一個更宏觀的角度去看事物，推動我們的社會變得更豐富、更開明。

這正是我為甚麼這樣欽佩香港人的一個主要原因。雖然香港市民大多數為中國人，但是他們在這個多元社會中與各個不同種族的人士和諧共處，這點是一般觀察家及評論員都未有察覺到或提及的。在香港這片面積只有一千多平方公里的土地上，除了本地人外，還有南亞裔人、菲律賓人、英國人、美國人、加拿大人、澳洲人等，他們共處於這個大熔爐內，多年來共同打造了一個跨越民族和國籍的融合公民社會。人人都努力地工作，珍惜自己所擁有的，而更重要的是也珍惜別人，以致大家能夠彼此尊重，沒有偏見，也沒有仇恨。數十年來，這些香港獨有的豐富色彩和不同背景互相交織，營造了一個和諧的公民社會，獲得世界其他不少地方的羨慕。

很多時，人們都說香港人十分精明，而且只愛掙錢。我認為這些人完全誤會了，他們未有經過深思熟慮便妄下論斷，他們只看到表面，但卻並不了解、更沒有嘗試去了解所看到的事物。我個人認為，愛掙錢並無不妥，人們不應站在道德高地，對別人通過努力和合法手段去賺取更多收入或利潤的行為，加以譴責。

要說明人們這種偏見的典型例子，莫如港英時代 "FILTH"（Failed in London, Try Hong Kong）這個英文縮略語，意思是叫在倫敦混不成的人去香港試一試。話說當年很多英國人來香港從事公務員、商人、律師、商界高級行政人員等職業，他們與家人來到這裏安居樂業，在其所屬行業表現也十分出色。可是，一些英國祖家

的人，卻想出這個帶有侮辱成分、尖酸刻薄的縮略語來形容他們在香港取得成就的同胞。這些人的行為反映了殖民主義的優越心態，但他們卻忽略了這種心態已經不合時宜以及大英帝國早已沒落這個事實。

香港人打造了一個獨一無二的香港，並不是因為他們精於掙錢，而是因為他們任勞任怨，又足智多謀，因此得以在一個能夠自由發揮及與世界各地接軌的環境下茁壯成長。換言之，香港的經濟成就，完全有賴香港人的機智聰明和團結精神。

雖然與其他地區相比，香港的堅尼系數偏高，顯示本地收入不均，但是香港人一般都沒有仇富心態，反而往往會欣賞富人，以他們為努力向上的榜樣。正如本書第八章指出，香港有許多慈善機構在維持本港社會文明穩定方面，扮演著重要的角色，其中又以香港賽馬會的貢獻最大。此外，不少半官方機構在保障香港繁榮穩定方面也佔有舉足輕重的地位，之前提及的香港貿易發展局便是一個最佳例子。這些機構在協助香港建立一個善良進步的社會方面，貢獻良多，它們的功效就好像潤滑機器的油劑，或叫花兒成長盛放的陽光雨露一樣。

可惜的是，在過去幾年，這幅美麗的圖畫備受玷污。香港內部的多個結構性深層次矛盾引發了不少問題，造成社會體系出現裂痕，這些裂痕必須加以修補，否則整個體系將會崩壞。

首先，隨著中國日益強大，發展成為全球第二大經濟體，相對於中國內地對香港的重要性，香港對內地的重要性正急劇下降。雖

然香港仍然保持其作為亞洲主要金融中心的地位，向中國內地提供所需的金融知識和融資渠道，但是香港對內地的整體影響力，與中國最初實行改革開放政策的黃金時期相比，已經大不如前。

在當今的現代世界，中國在多個重要領域，如科技、生物資訊、基建、服務業、物流、電子商務、娛樂、醫藥等，發展都突飛猛進，不少內地城市在這些範疇的發展更超越了香港。無可否認，這是中國過去四十多年來成功崛起的必然結果。換言之，雖然香港仍然繁榮，但中國內地也如是，若按內地有 14 億人口而香港只有 750 萬人口來算，內地甚至遠比香港繁榮。此外，過去四十多年來，中國積極爭取脫貧，根據聯合國對貧窮的定義來說，目前中國已成功協助全國各地六億人民擺脫窮困，並贏得國際稱許，因為這是人類歷史從未有過的偉大成就。在這個經年累月的脫貧過程中，中國學習到甚麼行得通、甚麼行不通，並將有關的知識應用到創造財富上。現時人們普遍預測，中國有可能於未來五至十年超越美國，成為世界上最大的經濟體。

由於香港一向致力發展金融商貿，行使最小的監管力度給予商界最大的自由，藉此吸引跨國銀行和金融機構來港經營，以鞏固其金融中心地位，因此其他重要的新興行業難免受到忽略而缺乏競爭力，甚至面臨息微的風險，特別以生物科技、電子商務及物流等行業更甚。香港的酒店及旅遊業或許可以保持暢旺，不過這些行業抵抗外圍環境衝擊的能力也最低，只要看看 2020 年新冠病毒疫情對這兩個行業造成的打擊便可見一斑。對每個家庭來說，當經濟下滑且

未來經濟前景又不明朗的時候，最先縮減的開支必然是旅遊度假；至於各種日用必需品，現在都可以利用電子商務的方便，安坐家中上網購買，毋須出外。目前，傳統零售業在全球均出現萎縮，香港亦不能獨善其身，只要到處走走，不難發現衰退景象觸目皆是，曾經一度繁華熱鬧的商場和街道，現在有大量空置商舖。由於生意淡薄令收入下降，租金卻持續高企，許多商店都迫關門，至於如何將這些商舖改作其他商業用途，實在是一個不容易解決的問題。

我相信世界各地唯一能夠抵抗購物熱潮減退的商店只有蘋果的Apple Store。即使今時今日，各間 Apple Store 仍然擠滿顧客，主要原因是這些店舖售賣高科技產品，各式各樣無縫連接的蘋果硬件、軟件和流動程式，包羅萬有，是新興朝陽產業的表表者。

一些評論家當然會問：香港除了卓越的金融業之外，還有沒有其他具發展潛力的經濟模式可以支撐她的未來呢？香港是否過分依賴其金融中心地位呢？此外，由於香港主力發展金融，所以吸引了不少人（尤其是投機者）炒作恒生指數上落波幅以及在地產市場炒賣物業賺錢。這些投機活動不但製造了一個泡沫經濟，更導致資產價值飆升；但炒家卻如癡如醉，對他們來說，只要繼續玩這個遊戲，他們的財富便會不斷增加。這種「良好感覺」使人沾沾自喜，再沒有動力探索其他領域，如此心態難免令人忽視了開拓新興行業的創業精神及創新動力，窒礙了這些行業茁壯發展的機會。在過去幾年，這種情況特別令香港的年青一代深感焦慮和困擾，他們與內地的同輩處境不同，他們的前景一片黯淡，面對的只有絕望和失落。

由於年青一代是未來社會的棟樑，他們對前途感到絕望這個問題必須得到妥善解決。可是，年輕人為甚麼會感到絕望呢？

首先，在香港，除了一小撮出身富裕家庭或擁有一份優薪厚職的年輕人之外，其餘大部分年青一輩根本沒有能力購買物業自住，而這點很可能是令他們對成家立室卻步的主要原因。結果，他們覺得自己被環境所困，環顧四周只看到不公不義；雖然可享有香港所給予的自由，但卻看不到希望。近年興起的一個新名詞「千禧世代」（Millennials），是指年齡在 20 到 35 歲之間，內心充滿疑惑、憤恨和焦慮的一輩。這個名詞最早在美國出現，但對香港來說並不陌生。我常常在想，香港在 2019 年發生的社會動亂，其中一個主要原因可能正跟香港的千禧世代有關，因為絕大部分示威者都是屬於這個年齡層的年青人，他們心懷怨恨，對灰暗的前途感到無奈。

大多數研究香港問題的觀察家及評論員都一致認為，過去數十年來，特區政府在施政方面的主要失誤，是缺乏一套全面兼具前瞻性的青年政策及房屋政策。特區政府一直全力推進自由市場企業模式，雖然當局同時亦積極策劃及施行多方面的政策，例如擴建港鐵網絡、改善醫療服務、維持有利的營商環境等，可是卻沒有勇氣和決心處理一些長期的結構性問題。其實，特區政府最重要的任務是必須有一個願景，通過探討核心問題和進行詳細規劃，構建一個有策略性的長遠政策框架，在處理目前問題之餘，同時顧及香港今後的發展需要。良好的管治並不單單指有效地策劃和實施現有政策，也指要具策略性的藍天創意思維。

我個人感覺十分遺憾的是，每當政府提出某項龐大基建項目並引起熱烈爭議時，結果往往是花費大量公帑，委託國際管理顧問公司就該政策的可行性提供意見及撰寫報告。問題是，這些業務遍佈全球的國際顧問公司，即使有良好的意願和豐富的知識，但它們是否擁有足夠的本地知識及專業能力就香港本土的長期方案提供意見，滿足我們的需要，解決我們的難題呢？難道我們香港人沒有足夠膽量發揮自己的藍天創意思維嗎？在聘請這些專家之前，當局必須進行廣泛的政治討論和公眾諮詢，否則專家提供的建議未必能夠符合本地實際的需要。

　　面對前路重重挑戰，香港必須作出重大改變加以應對。只要我們積極努力應變，前途未必是一片灰暗；假若我們自暴自棄，前景才會黯淡。香港的年青一代不論心中有甚麼憤恨，但仍然擁有良好教育的這項優勢，從香港教育制度在國際排名榜上穩居前列可見一斑。

　　中長期而言，香港必須發掘一些有機增長點。換言之，香港必須採取一個擴張型的經濟及發展模式，不能停滯不前，以致出現產業空洞化，同時更不應持固步自封的態度，以為擁有國際金融中心地位以及蓬勃的旅遊和零售業，便是最高的成就。香港不應以為只有這幾個行業才最重要和最值得追求，而忽略了其中部分行業已開始出現頹勢的事實。特別是零售業目前在世界各地正日漸衰落，逐步被電子商務和網上購物取代，這個趨勢甚至在新冠肺炎爆發前已經形成；至於旅遊業，由於訪港旅客主要是在香港只逗留數天的內

地同胞，隨著新冠疫情持續，這個行業也大受打擊。

香港若要實行擴張型發展模式，不能單單內望，必須放開眼界，看看能否盡量善用香港人過去數十年來共同累積的專業技能和知識，發揮所長。

假若我們在香港朝東望，會看到北太平洋彼岸的美國和加拿大，以及南太平洋的澳洲；假若朝西望，會看到中東、歐洲，以及再遠一點的英國和愛爾蘭。可是，所有這些地方都十分遙遠，即使在當今交通運輸異常快速的年代，也需要最少大半天才可抵達當地。要是往南看，可看到多個文化及宗教色彩濃厚的南亞國家；不過，假如往北看的話，則可看到擁有 14 億同胞的內地，是目前世界上第二大經濟體，並預料可於未來五至十年躍升為全球最大的經濟體。

內地這個龐大的經濟體正位於我們的大門口，或者更正確地說，我們正位於中國內地的大門口。香港與內地之間的海陸空交通基建發展完善，包括連接內地各地的高鐵網絡以及一條貫通大灣區的大橋。對香港人來說，前往深圳比去澳門賭場所花的時間還要短呢！

我這一輩的人很多是 1950 年代從內地移民來香港的。到了今天，隨著中國過去四十多年來經歷翻天覆地的轉變，也許是時候我們要考慮一下返回內地尋找發展機會，正如當年內地同胞前來香港尋找機會一樣。今時今日，中國已成為一個現代化的大國，在後新冠疫情的新世界，香港這一代具有獨立思考、充沛活力和創業精

神的年青人，是否應該北移發掘機會呢？當然，北上發展並不保證一定成功，因為成功從來是沒有保證的，不過此舉卻是一個非常吸引、可行和理智的選擇。觀乎目前香港自我封閉在一個框框內的狀態，若要爭取內部的有機增長實在異常困難，因此對香港年青人來說，北上創業及尋覓居所，肯定比留在香港有較大成功機會。

粵港澳大灣區規劃

中國國務院於 2019 年 2 月頒佈《粵港澳大灣區發展規劃綱要》（通稱大灣區規劃），這份綱領性文件為香港未來數十年締造了莫大的機會。

這項既高瞻遠矚又進取宏大的規劃，勾畫了整個珠江三角洲地區未來數十年的發展藍圖。大灣區涵蓋廣東省南部，廣東是全國最大及最繁榮的省份之一，目前有人口 1.1 億，比整個英國的 7,000 萬人口還要多。

大灣區包括香港、澳門兩個特別行政區以及廣東省九個城市，其中有三個經濟發達的現代化城市，即廣州（廣東省省會）、深圳（有 1,400 萬人口的先進大都會，自 2018 年以來本地生產總值已超越香港）和香港特區，分別按照各自的優勢，擔當不同的重要角色。

這項規劃旨在促進華南地區的經濟增長，在整個大灣區實施一套綜合的經濟及發展計劃，推動目前已是全球第二大經濟體的中國在經濟增長方面更上層樓。

大灣區發展規劃藍圖提倡主力發展科技及創新、擴大基建，以

及加強區內各城市之間的金融經濟互動。憑藉珠江三角洲的地理優勢，大灣區勢將發展成為中國內地以至亞洲地區的重要樞紐，面向南亞、東南亞和大洋洲。經濟學家也一致預料，亞洲將會是帶動未來數十年全球經濟增長的引擎。

目前大灣區內有四個國際機場及三個內陸機場、四條大橋、六條城際高鐵線，以及一個先進的高速公路網絡；此外還擁有完善的港口設施，處理經南中國海進出口的貨物，是通往世界各地的門戶。於 2018 年建成通車的港珠澳大橋，全長 55 公里，是世界上最長的跨海大橋，貫通香港（國際金融商貿中心）、澳門（旅遊中心）及珠海（宜居城市）。過去幾年，珠海更被公認為一個居住環境優良的城市。隨著港珠澳大橋開通後帶來強大物流優勢，這三個城市勢必可以供應更多價格相宜的住房。

在經濟方面，對內地來說，大灣區的地位非常重要。根據香港滙豐銀行的研究資料顯示，區內人口共約 7,000 萬（比全英國人口略高），製成品輸出佔全國出口總額 37%，本地生產總值則佔全國 12%。大灣區發展規劃的目標是，透過加強區內各城市的融合以及投資和資金自由流動的優勢，協同發展服務業，打造一個能夠吸引、培訓和挽留人才的區域，進一步提高區內的經濟增長和產出。

簡而言之，大灣區規劃為區內 7,000 萬人口的各個城市制訂了策略性願景，分別發展成貿易、金融創新、教育、醫療研究、現代城市及環保設計等中心，同時為區內居民提供大量價格相宜的新型住房。

在這個發展藍圖下，香港將鞏固其作為金融及貿易樞紐的地位，繼續保持為一個重要的國際商業、金融及銀行中心。至於深圳，鑑於中國電信巨頭華為及多家先進資訊科技初創企業如騰訊等都落戶當地，該市將致力加強其科技樞紐的地位。與此同時，澳門則主力發展旅遊業以及與葡語國家的貿易。由此佈局可見，區內各市主要相輔相成而非彼此競爭。此外，其他擁有雄厚製造業基礎的城市如東莞等，則可以利用大灣區物流和供應鏈結構完善的優勢，發展成為現代化的超級製造業基地，以加強其地區性實力。憑藉這個策略性發展計劃的推進以及區內 11 個城市的互聯互通，今後有望整個大灣區的經濟產出可以化零為整，更加強大，不但提高華南地區與東南亞國家通商的競爭力，同時也加強與世界其他國家及地區貿易的競爭力。

對香港來說，進一步融入大灣區有助增強其作為全球金融貿易中心的地位。目前，香港在多個新興朝陽工業方面，例如生物信息、生物科技和現代物流等，都發展滯後，大灣區可以為香港提供機會趕上最新發展步伐，在這些新興工業中佔一重要席位。鑑於與香港毗鄰的深圳在這些行業發展超前，故此兩地大有合作空間，共同推動大灣區的朝陽工業達至國際水平。此外，大灣區不少政策均鼓勵及吸引香港人北移就業和居住，此舉也有助舒緩香港房屋短缺的問題。

大灣區內各城市若要順利進行融合，有一點非常重要，就是必須統一專業標準和進行資格互認。換言之，各有關部門必須共同訂

定哪些專業資格可以適用於整個大灣區，例如醫療、會計、教育甚至部分法律範疇等，讓從事這些專業的人士可以在區內註冊和執業。有關安排需要仔細籌劃，同時採取果敢行動拆除專業界限，這項工作非常重要，因為專業標準和資格的批核通常是一個業內自我規範的封閉系統，不像商業和貿易般在一套開放系統下運作。

在我看來，跨境專業資格互認其實不難實現，我在這裏可以跟讀者分享一下個人的實際經驗。

2012 年在深圳成立的香港大學深圳醫院，是內地推行醫療改革的試點醫院，主要理念是將香港醫院的臨床實踐經驗和管理模式引進深圳，其中特別以附屬香港大學醫學院的教學醫院——瑪麗醫院為典範。香港大學大約有 80 名員工每天或每星期從香港跨境到港大深圳醫院上班，其中包括醫生、護士、教學人員、藥劑師、會計、治療師、造影技術員、電療技術員、化驗員、行政管理人員等，我本人便是香港大學從英國聘請回來到港大深圳醫院服務的一名醫療人員。我們所有人都在自己所屬的專科擁有香港或外國（例如美國及英國）認可的專業資格，但在中國卻沒有相應的資格。由於深圳市政府銳意推行醫療改革，故此向我們這些香港大學聘請的員工頒發在深圳執業的牌照，每年續期一次，讓我們可以在港大深圳醫院與內地同僚同工共事。

過去九年來，這項特別安排行之有效。從我自己所見，來自香港的專業人士與內地同僚之間的專業界限可謂並不存在。我是一名血液專科醫生，在港大深圳醫院執行臨床診治工作時，跟我在英國

沒有任何分別，而深圳的同事與我這個持國外專業資格的醫生一起工作時，也感覺不到有甚麼不同。假若我對醫院裏一些不知道我背景的年青醫生說，我 40 年前在上海畢業並從來沒有在外國工作過，他們很可能會相信我。對我們這些從香港來港大深圳醫院工作的員工來說，我們只知道醫院是我們發揮職業專長的地方，作為一個團隊，不論是內地或香港成員，都會傾盡全力履行職責。我在中國治療一名患有急性白血病的病人，跟我在英國醫治相同病症的病人完全沒有分別。令人覺得尤其欣慰的是，我發現這個異地人員互相合作共事的模式，不但在醫療界運作良好，而且在其他界別，好像藥劑、護理以及與醫學相關的行業（化驗、放射和治療等），亦卓見成效。換言之，這種專業融合的做法正遍及各行各業。還值得一提的是，醫院的內地同事對我們這些外來人員十分友善，往往讓我們有賓至如歸的感覺。

港大深圳醫院在資格互認方面是一個成功案例，這個例子對於大灣區的發展具有重大意義，因為它充分證明了縱使專業資格對維護專業水平非常重要，但若要推動技術人才融合以及擴寬重點發展領域，這些界限是可以消除的。事實上，大灣區發展規劃藍圖已清楚指出，會計、醫療、教育及學術研究等多個範疇的融合，都非常重要。

儘管如此，要梳理的事情還有很多。由於大灣區包括香港及澳門兩個特別行政區，而這兩個特區的稅制與內地不同，一些香港評論員擔心區內各市之間的更緊密經濟融合，將會是大灣區的一大挑

戰，醫療系統便是一個典型的例子。我們必須承認，基於香港和澳門過去是外國殖民地的關係，她們與內地城市之間必然有一定的分歧，但與此同時也不能否認大灣區內的絕大部分居民都是中國人，因此任何分歧應該都可以克服。因為一般來說，地方與地方之間的主要障礙在於語言及文化，而大灣區內並不存在這些障礙。相信北京中央政府在構思這項規劃以及於 2019 年 2 月公佈其為國家政策之前，已經就相關的議題進行了廣泛的諮詢、討論和內部辯論。

我個人意見認為，香港特區政府（甚至廣東或澳門的地方政府）完全沒有能力就大灣區制訂一套規模如此龐大的跨境經濟發展計劃，原因並不在於特區政府缺乏藍天思維，而是其權力主要受限於「一國兩制」的框架內。事實上，要構思和策劃一項對國家具有深遠經濟影響力、牽涉跨境融合，以及覆蓋如此廣闊地理範圍的大型地區性政策，只有由北京中央政府統籌才可以做到。

在香港歷史中，不論是作為英國殖民地或中國特別行政區，都一直發揮著中國內地對外窗口的獨特角色，而中國亦從中體會到英國這個傳統西方勢力如何管治香港，尤其是自由市場制度如何在中國的眼下暢順運作。事實上，不少著名的間諜故事和電影都以香港為背景，雖然「間諜」這個名詞帶有陰暗神秘的含義，但我認為香港作為情報中心並非是一件壞事，因為正如我在書首所說，香港是一個東方與西方融匯的開放社會，各樣資訊、知識和文化都可以在這裏自由交流互換。

在大灣區規劃出台之前，香港雖然是一個現代化城市，但卻從

來沒有被國家納入任何宏大的計劃中，而現在則可以在一個擁有7,000萬人口的發展區內扮演關鍵角色。由此可見，大灣區發展規劃確實為香港提供了增值良機，該計劃不但得到國家支持，並且制訂了整套指導性方向，其規模之大對香港來說可謂史無前例，所涉增長範圍差不多遍及各個經濟部門，不單金融和銀行業，也涵蓋教育及研究，主要因為香港有三所大學在全球大學排名榜上高踞前列。此外，香港多年來在城市規劃、交通運輸以及優良公共服務方面所累積的豐富經驗，可以為大灣區作出貢獻，而香港人在推動大灣區興旺發展的進程中，亦可以在多個領域積極參與及發揮所長，成為重要的持份者。另一方面，大灣區則可以替香港解決房屋問題，為不能負擔本地高昂樓價及租金的香港人提供價格相宜、設計新穎美觀的住房選擇。

可是，有些香港人卻對這項大型發展計劃表示懷疑，但我相信這種負面態度不久將會消失，因為隨著大灣區規劃逐步實施並取得成效，也會隨之帶來更大成效以及更大信心，使持懷疑態度的人改變想法。

香港人不應讓這個機會白白溜走。歷史是可以重演的，過去50年來香港人所作的努力，今天可以捲土重來，只不過這次發力的重點是珠江三角洲，而且是為我們的後代而努力。推動大灣區規劃成功的要素，早已在香港人的基因裏，就是足智多謀、適應力強、孜孜不倦、高瞻遠矚、積極樂觀和大膽進取。這計劃一旦取得成功，不只勞動階級得益，勞動階級的後代也可從中受惠。

上文第九章提到，大約 2018 年，香港特區政府考慮在大嶼山進行一項稱為「明日大嶼」的大型填海計劃，作為解決本港房屋問題的中長期方案。有趣的是，自大灣區規劃公佈之後，提倡「明日大嶼」的人變得沉默起來，不過特區政府仍然堅持進行可行性研究。事實上，在新聞及其他討論時政的平台，大灣區規劃比「明日大嶼」受到更多的關注。原因很簡單，這個規劃長期而言較具建設性，不單可解決房屋問題，同時亦有助推動香港經濟更上層樓。簡單來說，香港融入大灣區可享豐厚的發展潛力和機會，而所耗費的公帑亦遠較填海為少。大灣區發展規劃主要促進區內 11 個城市的互聯互通和協同發展，打造一個以無煙工業為基礎兼且可收環保功效的新經濟。相比之下，大嶼山的填海項目雖然目標宏大，但基本上僅是特區政府為應付本港住房問題而擬定的一個計劃。

跟所有高瞻遠矚的大型計劃一樣，大灣區發展項目需要全面詳細的規劃，包括協調交通、金融、銀行、會計、海關、出入境等各方面的繁瑣手續和不同規例，以及需要就醫療等專業部門引入認證和資格互認。若要推動區內各城市順利融合，有關當局必須儘量精簡繁文縟節，以便利大灣區內各城市之間的人流、貨物流及資金流，同時亦須統一建立各市公營或私營機構的管治架構。

我估計大灣區發展項目開展的首五年，主要工作是進行規劃和精簡繁文縟節、吸引投資、改善基建等。這種種行動都需要大量擁有相關技能和經驗的人力參與，而香港、深圳及廣州等先進城市都有足夠能力提供所需人才。

當局將會致力訂定正確方向，研究各個不同部門可以怎樣協調地方性分歧，相信只要有決心和毅力，善用各地的強項互補長短，必定可以克服這些分歧。上文提及港大深圳醫院的成功例子，正可成為用作研究如何使區內各地順利融合的個案。

相信假以時日，「一國兩制」的概念將會變得越來越不重要。到了 2047 年，當「一國兩制」維持 50 年不變的期限屆滿時，珠江三角洲勢將隨著大灣區規劃的開展而演變成亞洲的地區性樞紐；至於香港，則會在「一國」下仍然保持「東方之珠」的美譽，並繼續在國家及地區的經濟發展方面佔有舉足輕重的地位。

在精簡繁瑣手續方面，我想在這裏跟讀者分享一下個人經驗。2012 年，我接受香港大學的邀請，前往深圳新成立的香港大學深圳醫院工作。之前的 32 年我在英國行醫並領有英國的醫生執業牌照，但由於我亦是香港大學醫學院畢業生，所以亦持有香港的醫生執業牌照。雖然如此，但我卻沒有內地的醫生執業牌照。鑑於港大深圳醫院是香港大學與深圳市政府的合作項目，因此我只需提交我在香港和英國的專業資格證明文件，便可獲發在深圳執業的醫生牌照，毋須參加任何考試。有了這個執業牌照，我可以專心一意地在港大深圳醫院工作，此牌照必須每年續期，做法跟香港一樣。作為一名醫生，我覺得在深圳行醫與在英國行醫於專業上並沒有太大分別。從這個醫療領域專業資格互認的成功案例看來，相信其他專業在大灣區的合作共融，也必定同樣可行及取得成功。

雖然沒有人能保證在大灣區發展一定可以成功，但是成功因素

比比皆是。因此，我給香港人的忠告是，在尋找機會時，可以朝東或朝西看，畢竟那是傳統的發展方向；但同時也切勿忘記向北望，特別是北面這個生機勃勃的市場正位於香港的大門口。在多個場合上，一些香港及英國的年青人都會向我尋求關於未來事業發展機會的意見，我的答案總是：向北看，望向大灣區，認識其發展目標，以及你在那裏可以扮演一個怎樣的角色！

第十二章

後新冠時代的香港

　　本章旨在剖析 2019 冠狀病毒病大流行對香港造成的影響,希望從中探討香港可以如何做好準備迎接後新冠疫情的世界,以及怎樣應對將來這類傳染病大流行再次爆發時所帶來的挑戰。

　　2020 年是全球經歷巨變的一年,這年世界各地首次爆發了一場前所未見的傳染病大流行。對上一次傳染病大流行,大約是 100 年前於 1918 至 1920 年間發生的西班牙流感(Spanish flu)。

　　2019 冠狀病毒病最早於 2019 年 12 月在武漢出現。2020 年 1 月 30 日,世界衛生組織宣佈將新冠病毒疫情列為「國際公共衛生緊急事件」,其後於同年 3 月 11 日確認該傳染病是由冠狀病毒家族裏的一種新毒株引起,並宣佈其為「全球大流行」(pandemic),意思是

世界上每個國家及地區均受影響。

到了 2020 年底，全球感染新冠病毒的個案數字高達 8,200 萬，死亡人數達 170 萬，世界上每個角落無一倖免。在大部分國家，不論政府或人民都被這個傳染病弄得措手不及，即使一些自以為已做好準備的國家，亦先後受到第二波或第三波疫情衝擊。新冠病毒感染一波未平一波又起，性質跟流行性感冒一樣，病毒主要攻擊人們的呼吸系統。2020 年 12 月，一些國家（例如英國）經歷第三波襲擊，而且疫情比之前兩波更嚴重，原因是出現變種病毒株。當然，治療和疫苗分別可以醫治及保護我們，一些功效甚高的疫苗已於 2021 年初面世，早期的效能數據也令人十分鼓舞，可是一般相信這些疫苗難以在短期內根除新冠病毒，故此這個病毒勢將與我們共存一段時期。世界衛生組織在向全球發表的 2020 年終信息指出，今後新冠病毒病可能以全球大流行或地方性流行的形式，成為人類現實生活的一部分。

新冠病毒徹底改變了我們，它不但奪去不少寶貴的生命和衝擊我們的生活，並且對全球經濟影響深遠，所造成的經濟衰退，甚至比 1929 年華爾街股災所導致的 1930 年代全球大蕭條更甚。

在各種有關防控新冠疫情大流行的爭論和措施之中，有一點是差不多所有人都同意的，就是我們必須改變某些行為和習慣，以及配合一些在整個社會層面實行的措施，來保護自己和儘量減低目前及將來的病毒感染和傳染風險。總的來說，這些行為和習慣叫做「新常態」。

當我執筆撰寫本書時，香港經歷了四波新冠疫情，當第一宗病例於 2020 年 1 月確診後，隨即在社會引起廣泛的關注、焦慮，甚至恐慌性搶購物資，導致超市的貨品，特別是廁紙等日常用品，迅即售罄。其後於 2020 年 3 月當新冠病毒首次在英國爆發時，該國也出現這種恐慌性搶購，同樣地，廁紙亦在當地超市被搶購一空。

雖然新冠疫情第一波襲擊香港時的確引起恐慌，但總體上香港人都能保持冷靜謹慎，因為 2003 年爆發「沙士」的慘痛經驗仍然令人們記憶猶新。最初數目不多的新冠確診病人，很快便被隔離並送到設有負壓隔離病房的香港公立醫院治理，因此疫情對公營醫院服務並未構成重大壓力，香港毋須封城，市民也積極採取戴口罩和保持社交距離等必須的防疫措施。

到了 2020 年 3 月，隨著在海外讀書的學生以及旅居的港人陸續返回香港，確診數字急升，迎來了第二波疫情。雖然當時中國內地的疫情已經開始緩和，但特區政府仍收緊與內地的通關安排；與此同時，政府亦禁止所有來自海外的非香港居民入境，至於香港居民返港則必須於抵達時接受新冠病毒檢測，以及 14 天的強制檢疫隔離，期間更要佩戴用作監測遵守檢疫規定的電子手環。

上述措施加上市民謹守戴口罩和保持社交距離的規定，有助香港在抗疫方面取得顯著成效，連續多個星期沒有錄得確診個案。直至 2020 年 6 月為止，染疫死亡人數只有五名，香港的抗疫成績亦得到世界各地的肯定。2020 年 5 月，正經歷疫情高峰期的英國，邀請多名香港醫療人員出席國會的衛生及社會關懷委員會（UK

Parliament Health and Social Care Committee）提供有關公共衛生及防控病毒的意見，讓英國可以從中學習。

可是，之後香港的情況開始轉壞。隨著當局逐步放寬社交限制，於 7 月份爆發了第三波疫情，在該月下旬，每日的確診數字飆升至 100 宗以上，更在 10 天內錄得超過 1,300 宗染疫個案，死亡人數也增至 40 名以上，令公立醫院不勝負荷，瀕臨崩潰。引發第三波疫情的源頭，相信與乘搭客機來港換班並獲豁免檢測檢疫的海員有關。有見及此，特區政府遂實施較嚴厲的措施，同時邀請內地醫療衛生專家來港，提供額外技術支援，特別是為市民進行檢測及篩查感染新冠病毒的患者。

到了 2020 年 8 月，疫情高峰漸趨緩和，香港人亦開始適應一套保護自己免受染疫的「新常態」，當中包括各式各樣的措施，部分由政府主導，部分牽涉個人習慣和行為，也有部分是公民集體行動。

不過，2020 年 10 月，正當輸入個案開始減少時，香港卻爆出第四波疫情，所涉確診病例並非由境外輸入，而是源起於一個本地跳舞群組。由於近年社交舞在本港興起成為一種熱門群體活動，不少愛好跳舞的人士都會聚在一起，隨著音樂起舞，因此一旦有病毒潛伏在社區，這種人與人之間近距離接觸的社交活動便成了本地爆疫源頭。截至 2020 年底，香港共有 8,611 宗確診個案，137 人死亡。

隨著美國、英國、德國和中國等國家先後研製新冠病毒疫苗，多個國家及地區於 2021 年初陸續推出疫苗接種計劃。這些疫苗的確為世界各地帶來一線希望，可惜接種疫苗行動剛開始不久，英國科

學家便發現了傳播力更強的新冠變種病毒株，只是當時未有足夠數據證明變種病毒是否傳染性較高、造成較嚴重感染，或對疫苗抵抗力更頑強。

面對這種種驟變，我們不能單單倚賴疫苗來保護自己免受感染，更要改變我們的生活方式，接受和適應生活「新常態」。

基本上，對抗新冠病毒有兩大類措施：一是藥物介入，例如接種疫苗以及採用抗病毒藥劑、標靶抗體或類固醇等藥物進行醫治；二是非藥物介入，即指戴口罩、使用個人防護裝備、保持社交距離、改變行為習慣、隔離等。這些都是「新常態」的基本要素。

對香港而言，「新常態」對防範另一波疫情來襲尤其重要，原因是香港地少人多，全港總面積只有約一千多平方公里，其中住宅區所佔的面積比例甚小，以致一般住宅區均擠滿高樓大廈，低於 20 層的大廈絕無僅有，香港亦因此獲得「摩天大廈之都」的稱號。香港是全球每平方公里人口密度最高的城市之一，由於土地供應有限，地價又高昂，因此樓宇都必須向上發展而不能橫向延伸。此外，經濟環境較差的人士，居所通常都非常狹窄，衛生和煮食條件也不理想。再者，香港許多高樓大廈的樓齡均超過 20 年，各樣配套如水管、排水渠和排污系統等有否作定期維修保養，實在頗成疑問。凡此種種，說明了香港人必須遵守「新常態」的重要性。

社交距離與隔離

保持社交距離是預防新冠病毒傳染的有效途徑，在戶外及公眾

場所實施比較容易，可是要在家中實行卻異常困難，因為一般的香港家居都沒有足夠空間可以讓人保持距離。舉例來說，假若一對年輕夫婦與一名小孩居住在一個只有 400 平方呎的單位，當其中一人出現發燒或咳嗽時，他們可以怎樣保持距離呢？在沒有選擇之下，他們只好去醫院求診，但這樣做卻又會給其他病人帶來風險。而且，香港部分高樓大廈，特別是一些位於比較老舊屋苑的大廈，通風系統往往有欠完善，以致新鮮空氣未能流通。

2020 年發生的多宗染疫病例，都充分證明樓齡高的大廈往往是群組傳播和感染新冠病毒的溫床。這些密麻麻的高樓蘊藏著結構性危機，一旦爆發傳染病，會直接威脅公共衞生安全。要解決這個問題十分困難，甚至可以說是不可能，因為香港的物業價格和租金實在太高，不過特區政府仍然必須正視這些大廈所構成的危險，而且最低限度應該制訂計劃，推行一些能減低風險的措施，如迅速採取行動封區、實施隔離、進行快速檢測、加強追蹤密切接觸者等，這些都是中國內地城市非常成功的措施，主要由一個特別成立的快速反應專責小組負責迅速採取有關行動。

改變飲食習慣

應付新冠疫情大流行要面對的另一難關，可能是一個香港獨有的問題。眾所周知，中國人非常喜愛飲食，烹調技術享譽全球，世界各地人民對中式美食的豐富種類和色香味深表讚嘆。中國人不但愛吃，我們的飲食文化更是親朋戚友之間進行社交聯誼的重要平台。

至於其他國家，例如西方國家，人們多數喜歡喝下午茶或放工後嘆啤酒，但是中國人卻寧可享用午餐及晚餐。對我們來說，喝茶或啤酒只是一般社交，吃午餐或晚餐才是真正的交誼。不單如此，我們還喜歡在一個氣氛熱鬧的環境下進食，越擠擁的餐廳通常越多人光顧，因為這表示該餐廳受人歡迎以及物有所值。

在香港，出外用餐是一項普及的社交活動，因此本地的餐廳和食肆密度在全球首屈一指。於新冠疫情爆發之前，只要在星期日的午飯時段去一家擠滿顧客的酒樓，便可看到不少一家大小濟濟一堂，享用午飯，這跟西方傳統的周日烤肉午餐無異。唯一不同的是，西方家庭的周日午餐一般在家中吃而不是在酒樓吃。

雖然出外用餐是我們長久以來喜愛的文化，可是面對新冠病毒肆虐，我們必須接受要減少甚至停止出外吃喝的現實，或最低限度對這個習慣作出重大調節，因為人多擠擁是病毒傳播最理想的環境。我在香港年屆 96 歲高齡的母親，自從新冠疫情爆發以來，足足有超過一年沒有出外用膳，在此之前，家人每星期總會帶她上餐館吃飯。我個人認為，基於安全至上的理由，我們不得不付出這個代價。

為了遏制新冠肺炎，特區政府與世界其他許多國家的政府一樣，在疫情最嚴峻時，禁止大型群眾聚集，更一度嚴格規定不得超過二人同枱在餐廳用餐，食肆亦只可營業至傍晚 6 時。與此同時，許多婚宴亦被迫取消，若有堅持繼續舉行的，必須遵守出席人數上限，而且每枱只許坐四位賓客。

另一個與飲食有關的「新常態」，是人們以訂購外賣取代上餐館用餐。在中國內地，上網訂餐及送餐到戶服務十分普及，這些服務不但效率高超，而且只收取低廉的送餐費。2020 年，我因為工作關係，在深圳逗留了兩段共長 14 個星期的時間，分別是年初中國正值新冠疫情高峰期之際，以及後期病毒危機已受控之時。在這期間，我親眼目睹及感受了網上訂餐系統的效率和靈活性，簡直是大開眼界。我醫院的同事只需使用手機內的程式便可以輕易自訂早餐、午餐和晚餐，很多時他們更會替我訂餐。其實香港也可以複製這個訂餐送餐模式，甚至擴大服務範圍，雖然成本可能較高，但比起要照顧一名染疫病人，這個方法更安全、便宜。縱使人們不能享受在餐廳吃喝的熱鬧氣氛，但用此換取公共衛生安全，相信也是值得的。在新冠病毒肆虐下，一班人上餐館吃喝這類社交活動，是時候需要作出重大調整了；至於大型群體活動，例如婚宴、周年紀念慶祝會以及生日派對等，可能也要大幅減少。

口罩及個人衛生

在疫情下，我們的個人習慣也需要作出改變，好像應該戴口罩和注重個人衛生等。對此，我深信經過 2003 年「沙士」一役沉痛教訓的香港人，一定會謹守遵行。現時在香港，於公眾場合戴口罩已成為慣例。事實上，戴口罩是亞洲多個國家（如中國、日本、韓國及新加坡等）的一個良好習慣，值得世界各地仿效。

另外一個習慣是每當出外在公共場合時，要緊記保持手部清

潔，不但要用水和肥皂洗手，還要經常用消毒搓手液清潔雙手。有關當局應該在公眾場所的顯眼位置為市民免費供應消毒劑，例如餐廳、商場、圖書館、學校、機場、港鐵站、的士站、巴士站、升降機大堂和扶手電梯等。這類消毒劑裝置不單有助抗疫，而且安裝和保養均十分經濟實惠，毋須大量資本投入，也不需要應用任何軟件程式，更不會被人偷竊或破壞。鑑於這種防疫方法非常簡單方便，香港住宅區和商業區的人流密度又高，相信這些裝置將會成為人們普遍接受的有效設施。

在「新常態」下，另一個我認為非常值得考慮的做法，是鼓勵人們洗完手後用手帕或毛巾抹手。相信很多人可能會覺得我這個提議落後於大潮流，因為這許多年來人們已習慣了用紙巾或用其他方法抹手。雖然紙巾價錢便宜、輕便易攜而且可用後即棄，但是卻不環保，不能循環使用或再造。

今時今日，我們都在努力嘗試保護環境。可是當一個好像 2019 冠狀病毒病這樣的全球大流行爆發時，人們對用後即棄紙巾的需求量和使用量都會大增，要處置這些用過的紙巾未免造成嚴重的環境問題。我們不要忘記，當新冠肺炎於 2020 年初爆發時，世界上多個國家及地區都嚴重缺乏紙巾和廁紙。假若人們在疫情肆虐時主要依賴這些用後即棄紙巾及廁紙，必定會造成供應緊張，導致恐慌性搶購或囤積。

今天全球各地都重視環保，強調資源循環再造及再用，例如提倡使用無碳能源和可再生能源等，扔進垃圾箱的垃圾亦分為一次性

及可循環再造。根據這個原理，我們為甚麼不用可洗滌和重用的私人小毛巾代替用後即棄的紙巾呢？這樣既不會對環境造成影響，又能減低用紙量。我們在家洗澡後也常用毛巾抹乾身體，何不鼓勵人們攜帶自己的小毛巾，好像攜帶手機一樣呢？由於生產小毛巾的成本比生產數以千千萬萬噸計的紙巾便宜，這個「新常態」實在十分值得考慮。

鑑於特區政府在抗疫期間向市民派發免費口罩，因此我建議政府也可為大家免費供應重用可洗的小毛巾，這種做法比派發用後即棄的紙巾更理想，因為要處置大量紙巾會造成嚴重的廢物處理問題。這個建議只是為人們提供多一項選擇，而非要完全取代紙巾。事實上，紙巾和小毛巾的功能都一樣，只不過紙巾一般用後會被拋棄而小毛巾則可以洗滌後重用，供應小毛巾的成本比經常大量派發免費紙巾低廉得多。

我可以想像，假如有一天我戴著口罩乘搭公共交通工具上班時，忽然發覺自己忘記攜帶小毛巾，我可以隨時走進 7-11 等任何一間便利店，領取一條政府供應的小毛巾，供整天使用，而毋須購買一包紙巾，直至我返家後清洗小毛巾然後再用。這個提議並不需要甚麼科學根據，只是一般常識，為普羅大眾提供最大的方便，以及鼓勵市民遵行劃一的衛生標準。此外，商店和餐館也可以考慮向顧客派發小毛巾作為免費贈品，在巾上飾以店舖商標設計更可收宣傳推廣之效。在「新常態」下，當我們打噴嚏或需要抹手時，一條這樣的小毛巾的確大派用場。它還可以傳遞一個重要的信息，就是這

些小毛巾是個人的、可重用的，同時又可提高人們衛生安全意識，以及減少因處置千千萬萬噸廢棄紙巾而帶來的環境壓力。

此外，有些人提倡採用塑膠面罩防疫，這當然也是一種個人防護裝備。不過這類面罩對一些負責靜態工作的人較適合，例如超市收銀員等；但是對需要到處走動或經常乘搭公共交通工具的人來說，便不太適合，因為這些面罩面積較大，容易造成不便。

乘搭港鐵可以說是香港人每天無可避免的活動。香港鐵路跟倫敦、紐約、北京和東京的地鐵系統一樣，通常十分擠擁，在繁忙時間總是人貼人的擠在一起，相信港鐵當局在設計運輸系統載客量時，並未有估計到有如此龐大的客流。每天早上，人們紛紛乘搭港鐵趕著上班及上學，黃昏或周末時，港鐵又是人們出外與朋友聚會時常用的交通工具。

一般來說，乘搭港鐵從一個點到另一個點，都十分快捷方便。可是，在新冠病毒危機下，擠逼的港鐵交通系統很難讓乘客避免受到飛沫感染，更有可能構成嚴重的公共衛生風險。目前，世界各地都普遍認為，當一個好像新冠肺炎這樣的傳染病爆發時，保持社交距離是其中一項最有效的個人防疫措施。歐洲及英國的專家都建議人與人之間最好保持 1.5 至 2 米的距離，不過，在經常擠滿乘客的香港鐵路網絡，要實行這個社交距離實在困難，在繁忙時段更是不可能。

由於新冠病毒可經飛沫傳染，為了防控疫情，維護公共衛生安全比乘搭港鐵所得到的方便重要得多。以英國人於 2020 年聖誕期間

在超市的購買行為為例，當時英國科學家發現了傳染力更強的變種病毒，造成新冠肺炎感染率飆升，雖然這個危機高峰發生在聖誕節前後，但人們到超市購物時仍願意保持安全距離，耐心排隊等候。事實上，自 2020 年 3 月以來，該國人民已開始謹守秩序保持社交距離，不再匆匆忙忙或不耐煩地排隊。同樣地，香港政府也應該鼓勵市民保持社交距離，不過這樣做一定會遇到不少困難，因為香港人素以講求效率見稱，每做一件事都用完成的速度來衡量。可是，鑑於新冠疫情關乎公共衛生，人人都有責任遵守保持社交距離的規定，因此與維護公共安全相比，儘快完成任務便顯得不那麼重要了。但是，在使用港鐵這類公共交通工具時，如何疏導繁忙時段的擠擁情況呢？要解決這個問題，除非香港封城，強制所有人留在家中，儘量不外出，否則並不可能。

在家工作

現時，另一個紓緩人流擠擁問題的方法，是鼓勵人們在「新常態」下在家工作，以減低在擠逼公共交通系統中交叉感染的機會。在香港，這個建議尤其值得考慮，因為要求市民冇搭港鐵，改乘其他公共交通工具如巴士、小巴或的士等，簡直不切實際。原因是鐵路系統的線路四通八達，把香港各區連接起來，其他交通工具主要是補充鐵路網絡的不足，並不能取代它；兼且目前路上已擠滿巴士、貨車及私家車，沒有足夠空間容納更多車輛。

一般對於在家工作的憂慮是，假若人們不在辦公室工作，由於

沒有上司或同事在旁監察，可能會比較散漫。這種對生產力及工作態度的憂慮，是很多機構不鼓勵員工在家工作的主要原因。不過實際上，直至目前為止，沒有足夠證據證明員工在家工作會令其生產力下降。根據銀行界進行的調查結果顯示，業內員工在家工作的效率，並不比在辦公室工作低。

香港在新冠疫情高峰期間，特區政府一度採取行動，安排公務員在家工作，並取得顯著成效。這顯示只需經過周詳計劃，政府可以帶頭積極探討以半永久性質實施在家工作。舉例來說，本港有大約 18 萬名公務員，雖然這不是一個大數目，但也不算小，政府大可審視能否重新制訂公務員體系的辦公時間，以紓緩繁忙時段港鐵等公共交通工具的運輸壓力。根據 2019 年的估計數字，香港的就業人口約達 385 萬，但並非全部人都按朝九晚五的制度上班，因此特區政府絕對可以探討如何調整公務員的辦公時間，以適應「新常態」，其中一個可行辦法是研究公務員可否採用輪班制度，每周三天上班、兩天在家工作，相信這個安排可以大大減少繁忙時段公共交通系統乘客擠擁的情況。當局實在值得考慮試行這個辦法，作為應對將來爆發新一輪疫情時的防控措施。

現時，香港大部分零售店，尤其是商場內的店舖，均於上午 10 時或 11 時開始營業，而供應早餐的食肆則會早些開門。特區政府大可參考類似安排，考慮採用彈性的輪班辦公時間。比方說，較年輕的未婚或無孩一族，可以上午 8 時上班下午 4 時下班；至於已婚並育有兒女的員工，則可以於上午送小朋友上學後 10 時才上班，然後

下午 6 時下班。又或者，政府當局可以考慮將公務員的每日辦公時間延長至 12 小時（例如上午 8 時至下午 8 時），每星期工作三天。這些彈性安排不但有助疏導港鐵等公共交通工具的人流，還可降低寫字樓的上班人數，減少社交接觸，特別適用於公務員體系的基層員工。

政府應該考慮彈性上班時間的強力理據是，每逢周末或公眾假期，即使在繁忙時段，港鐵的人流都不會像平日工作天那樣擁擠。當然，學校和銀行等休息是一個原因，但公務員不用上班也是一個主要因素。

值得一提的是，根據美國投資銀行摩根士丹利（Morgan Stanley）於 2020 年 8 月刊登在英國《星期日泰晤士報》（*The Sunday Times*）的一份調查報告指出，在會計、銀行及金融業，有近四分三員工寧可在家工作，特別是較年輕的一輩，原因是在家工作可以較容易在工作與家庭之間取得平衡，而且沒有證據顯示其對生產力有影響。這項調查結果對香港這個國際金融中心尤其具參考價值。隨著現代科技發展成熟，在家接聽客戶查詢電話或回覆電郵，跟在辦公室沒有分別；至於公務會議，亦可以在特定時間透過 Zoom 之類的視像會議程式舉行。摩根士丹利這項在 2020 年新冠病毒肆虐期間就社會趨勢進行的調查結果，認真值得我們思考。特別在現今世代，當互聯網發展如此快速、可靠和高效時，任何使用電腦或流動電子裝置（如智能手機）進行的公務會議或收發的電郵，都可以以數碼化記錄及存檔，因此人們應該對在家工作的概念持正面態度。

政府可以率先推行在家工作，此舉有助當局於下一波病毒爆發時，能夠更快和更有效地控制疫情。

遠程醫療

上文第九章提及，香港人口正不斷老化，明顯地，老弱人士是感染新冠病毒的高危一族，在疫情大流行期間需要優先獲得醫療護理。在這裏必須指出，長者求醫時，不論是前往公立或私家醫院及診所，通常都要由家人或傭人陪同，而每次求診的來回路程，加上在醫院或診所等候的時間，往往最少需要四小時。在這情況下，透過電子裝置將病人、家屬和醫護人員連繫起來的遠程醫療這個「新常態」，正好大派用場。目前，遠程醫療在中國內地已經非常普及，我自己行醫也常常採用遠程診症，而自從新冠疫情爆發以來，遠程醫療的發展在英國亦急起直追。

鑑於香港的醫療服務提供者，例如醫生、護士、治療師、藥劑師等，全部都精通最新科技，假若鼓勵甚至要求他們採用遠程醫療診症，必定非常有效，診治過程又可透過電子方式記錄及存檔。基於今時今日與過去不同，診斷方法已十分先進準確，因此醫生看病時大多數都不需要為病人進行身體檢查，只是有時因為臨床需要，一些病人（例如正接受化療的病人或糖尿病患者）在覆診前需要抽血化驗，好讓醫生掌握最新資料作有效的臨床判斷。在當今的遠程醫療時代，病人甚至可以在附近的健康中心進行抽血，醫生和其本人都可以在覆診前通過電子方式查看驗血報告。這種做法目前在中

國已經十分普遍。

　　我本人手上並沒有任何關於香港公立醫院每天處理多少宗專科門診個案的數據，但保守估計當中約有 70% 屬於覆診（即已在專科部門接受了初步診斷的個案）。我認為其中部分長期病患者應該可以轉為採用遠程診症，這樣病人及家屬便毋須舟車勞頓，而最重要的是，他們可以避免在醫院範圍內受到交叉感染的風險。任何醫院的門診部，要是擠滿人群或是病人需要長時間等候，都不是理想的現象。因此，引入和廣泛採用遠程醫療，不但可以改善病人護理，更是防控病毒傳染的一個強大有效措施。

　　同樣地，香港的私營醫療部門也可以考慮採用遙距診症的方式提供專業醫療意見，尤其是一些位於人口稠密地區內、人流熙來攘往的大廈的本地私家專科醫生診所。部分反對遠程醫療的人士指出，病人都喜歡看到醫生，但他們忘記了遠程診症的設計正正是讓病人可以看到醫生，而且毋須像現時疫情下到診所看病般，病人和醫生雙方都要戴上口罩。事實上，到公立醫院看病的病人，通常每次覆診都由不同的醫生接見。在大部分國家，例如中國、英國及美國等，病人若要每次都看同一名指定的醫生，只能光顧私家診所。使用遠程醫療，不論對服務提供者（醫生）、用家（病人）和中介（家屬或傭人）來說，都更安全，成效更高。

　　在我個人經驗裏，自 2020 年初以來，我在英國都沒有需要去看醫生，但卻有四次使用遠程醫療向全科醫生尋求醫療意見的經驗。整個過程對我和醫生來說，都非常安全有效、省時方便。遙距醫療

可讓醫生有更多時間在一個不擠擁的診所環境中，診治有真正需要看病的病人。香港必須認真研究推行遠程醫療。現時，中國及英國均從實踐中證明了遠程醫療在沒有危及病人安全的情況下，行之有效。假若患者需要處方藥物，醫生可以用電子方式發出處方，讓病人或其家屬在方便時到公立醫院領取藥物，甚至可以到指定藥房領取。在英國，一些藥房還提供上門派送藥物給病人的服務。

視像會議

遠程醫療的應用原理，可同樣適用於專業會議和管理層會議。今天，由於人們需要保持社交距離，使用 Zoom 這類嶄新工具舉行會議，已成為一般人跟朋友溝通、商人與生意夥伴聯繫、政客及公民領袖開會討論時政的「新常態」。鑑於舉行實體會議時，各個不同部門的人員必須聚集在同一個室內空間，全部人又要採取預防措施，因此有關機構應該制訂政策，在情況許可下，以視像會議取代實體會議。我本人認為，像香港這樣一個現代化大都會，要適應這個「新常態」可謂沒有難度。香港素以率先應用新科技著稱，因此轉用視像會議可謂輕而易舉，本地專業人士大可透過視像與大中華區、美國、歐洲或世界任何地方的人聯絡。隨著國際航班大幅減少，現在高級行政人員可毋須再穿梭各國之間，飽受時差之苦，改而安坐家中或辦公室內，利用電子科技，運籌帷幄。

我在這裏試舉一個與視像會議相關的有趣例子。美國國會於 2020 年 7 月舉行一個聽證會，邀請四大科技巨頭（即亞馬遜、臉

書、谷歌和蘋果）的行政總裁出席發表意見。當時美國所有新聞頻道均熱切期望報道這四大巨頭在國會的發言，主要網絡電視亦預期這次廣播能得到高收視率。可是，當聽證會舉行時，各大巨頭只採用視像會議形式發表意見。雖然四名行政總裁未有親身出席，但卻沒有影響這次聽證會的重要性，國會議員仍然可以提問，這些科技巨頭亦即場回應作答。我相信當日美國國會並沒有如預期般擠滿人群，聽證會也能達到目的，沒有戲劇性場面凌駕要討論的議題，整個聽證過程仍然可以透過媒體現場直播，議員的提問亦得到答覆，同時全部對話均有文字紀錄存檔。

串流技術亦可應用於其他領域，教育（特別是高等教育）便是其中一個範疇。目前，在全球各地，串流在高等教育院校甚至中學都成為了廣泛應用的主要網上授課工具。可是，網上授課引起的其中一項爭論，就是諸如美國及英國等國家的高等院校，大多向外國學生收取高昂的學費（每年學費可高達港幣 50 萬元），要是採用遙距上課，學生會覺得物非所值。不過對香港來說，這個問題不大，因為差不多所有大專院校的學生都是本地人，與英美等國相比，付費的海外學生數目較少。從老師角度來看，網上教學有較大彈性，校方甚至可以利用電子科技安排外國或客座講師為學生講課，目前也沒有證據顯示教學水平因而有所下降。以我所知，直至今天為止，沒有任何調查研究發現學生喜歡面授上課多於網上學習。正如我在上文建議人們使用小手巾代替紙巾一樣，網上授課可以為大家提供多一種教學方式。在疫情下，於演講廳授課，必須確保學生與

學生之間的座位保持一定的距離，甚至要求學生在上課前申報健康狀況（例如有沒有發燒等）或曾經到訪的地方。至於我本人，自2020年3月以來，便開始每個星期以網上授課或小組導課的形式，教導醫院年輕的駐院醫生，反應亦十分理想。

應對能力不足

本章最後要討論的是對香港非常重要的一點，就是在適應「新常態」的過程中，當香港需要外援時，應該何時、如何以及向何處求助呢？雖然香港是一座先進的現代城市，但她並不可能在每個範疇都能自給自足，反而在多個方面都有掣肘。若有人認為香港可以靠著自己應付一切困難，這是一種不負責任甚至自傲自大的態度。在面對危機時，我們不但需要有建設性的意見和有效的行動，同時也需要外來援助，自大自滿只會為自己築起無形的障礙。

這個問題在2020年7月份暴露無遺，當時香港正爆發新冠疫情第三波，以致公立醫院系統和私家化驗所瀕臨崩潰。縱使私家醫院施以援手，亦不足以提供本港所需的醫療服務，於是政府醫院紛紛被迫暫停施行手術。造成香港措手不及的一個主要原因是，在病毒肆虐下，醫療系統在檢測、追蹤及診斷各方面的能力均有限。事實上，一旦發生公共衛生危機時，檢測病毒的能力必須以幾何級數倍增才可應付，因為不單懷疑確診的個案需要檢測，所有與確診者有密切接觸的人士也必須接受檢測。香港於2020年7月受到第三波疫情衝擊時，不論是檢測所需的化驗儀器、試劑和技術人員，全部均

出現短缺。這些掣肘窒礙了防控新冠病毒感染及傳播的整體能力，加上醫院又沒有足夠的隔離病床，因此當局未能妥善處理危機，以致病毒傳染難以受控，追蹤亦有困難，對公眾構成嚴重威脅。公道地說，這些問題並不單單在香港發生，差不多所有國家都面對裝備和人手缺乏的困局。例如在英國，檢測能力也嚴重不足，故此當地的流行病學家和政府科學顧問只能使用有限的檢測數據，就疫情如何發展構建模型及作出推算，所得的結果令人沮喪。英國最終花了九個月時間，不斷投入額外資源擴大和提升化驗所的檢測能力，及至 2020 年 12 月，檢測能力才達到可接受的水平。

於 2020 年 8 月初，香港特區政府向北京中央政府求助，其後北京派遣了一支醫療、醫護及技術團隊來港提供協助，其中大部分成員更可操廣東話，他們主要的任務是大力提高香港的檢測能力。在之前的七個月期間，根據中國及世界各地對抗新冠疫情的經驗顯示，儘早隔離患者、進行大規模檢測以及追蹤密切接觸者，是控制病毒傳播的主要途徑。由於中國是全球首個揭示新冠病毒核糖核酸結構的國家，而且有足夠能力生產試劑滿足內地的檢測需求，因此在檢測新冠病毒方面擁有豐厚的經驗和能力。不單如此，中國還早於 2020 年 1 月便開始在全國各地大規模展開新冠病毒檢測及追蹤行動，此舉有助中國迅速取得生產檢測工具及試劑的專門知識，以提升化驗人員的技術知識水平和縮短檢測病毒的時間。以我工作的香港大學深圳醫院為例，醫院不但提供全天候病毒檢測服務，並可於六小時內發出檢測報告。簡而言之，目前中國的檢測及追蹤政策成

效卓著，也因為如此，內地可以在短時間內組織一個專家團隊來港協助解決香港最殷切需求的問題。

我認為這項救援行動既適切又必須，同時更是實踐「一國兩制」的試金石，從來沒有人說過在「一國」下，「兩制」是不可共存的。遺憾的是，有些人對這支來自內地的專家團隊表示抗拒，認為這些團隊成員的專業資格不獲香港承認，所以專業質素和標準可能與香港有異。這種抗拒情緒的背後，其實是一些毫無根據的假設、自大和偏見，縱使團隊成員全是內地具有豐富知識及經驗並經過精挑細選的專家，但一些港人仍然懷疑他們的專業水平及能力。最後，全港只有 180 萬人接受這次全民檢測，結果令人失望。

在非常時期必須採取非常措施。鑑於當時香港的公共衛生安全備受威脅，控制第三波疫情成為特區政府當務之急，尤其是醫療系統已不勝負荷，因此內地團隊執行了另一項任務，就是協助搭建及管理方艙醫院，為香港急須收治的新冠確診病人提供額外病床。到了今天，這些方艙醫院在多個國家均成為了標準設施，功能包括治理新冠確診患者以及將他們與非新冠患者分隔開。在英國，這類醫院叫做南丁格爾醫院，因為醫院的設計仿似當年南丁格爾病房的格局，即採取開放式的病房，中央位置是醫生及護士工作站。

由於香港情況特殊，人口密度高，家居空間又有限，加上無人能夠預料下一波疫情會何時爆發，有了提供額外病床的方艙醫院，以及具相關治療經驗的額外醫護人員，市民和政府都會感到安心。因此，我們必須放下偏見和狹隘思維，以謀求共同利益為目標，

特別為社會上那些既無助又無權發聲的人提供幫助，因為他們正是最需要協助的一群。在防控疫情方面，當香港的不足之處正是中國內地的強項時，比如隔離、局部或整區封鎖、檢測及追蹤、診斷能力、疫苗供應等等，特區政府便應向國家尋求意見及幫助，市民也應給予支持。

第十三章

香港或深圳——我如何選擇？

　　我是香港人，在香港生活了二十多年，在這裏成長和接受教育，後來才去了英國，並在當地工作了約 32 年。繞了這麼一個大圈之後，現在我又返回地球的這一邊，到港大深圳醫院服務，並在過去九年不斷穿梭於香港與深圳之間。由於我在香港長大，難免對這個地方懷有深厚的感情，心中常常有一股衝動渴望重返舊地，因此我在英國工作及生活的三十多年間，每年都會定期獨自或與妻兒返港一、兩次，探望家人和朋友。

　　每次重回香港，我都深深感受到這座城市不斷在變，而且步伐往往是向前邁進，令我留下深刻印象。這個地方總是充滿朝氣和活力，因此多年來，每當我抵達香港機場時，都會不自覺地感到精神

　　　　　　　　　　　　　　　　　　香港：我心我城

為之一振，而這種感覺只可意會，不可言傳。

我在深圳工作和生活的九年間，有一次參觀深圳博物館，在館內看到一幅用傳統中國書法書寫的迎客標語：「來了，就是深圳人！」我覺得這句說話非常有意思。

由於我在上海出生，於香港長大，然後去了英國，接著又回到內地在深圳工作，整個歷程可以說是一個跨越六十多年的大循環，因此人們常常問我比較喜歡哪一座城市。他們其實是問我，在香港與深圳之間，會選擇哪一座。回答這個問題，可以很容易，就是兩座城市我都喜歡；但也可以很難，就是說兩座城市我都不喜歡。我嘗試在這裏闡述一下我的看法。

首先，香港和深圳都是活力充沛、生機勃勃的現代城市，與世界上其他現代大都會沒有分別。兩地的市容均一片繁華，高樓大廈觸目皆是。過去 40 年來，港深兩地同樣發展突飛猛進，尤其深圳更取得驚人成就，要知道 40 年前她仍然是一個寂寂無聞、人口只有三萬的小漁村，而當時香港已有人口 350 萬，比深圳先進且發達得多。當年的深圳沒有現代化公路，汽車亦寥寥可數；但到了今天，於繁忙時間，交通擠塞不單是香港的常態，在深圳也是司空見慣的現象。

目前，香港人口 750 萬，深圳的常住人口則估計約為 1,400 萬，而且當地還有大量沒有戶籍的流動人口。深圳人口相當年輕，平均年齡只有 32 歲，自 2018 年起，該市的本地生產總值已超越了香港。

深圳由於與香港毗鄰（從香港的商業中心區到深圳的商業中心

區只需約 35 分鐘車程，是世界上任何兩個國際大都市之間最短的距離），因此她最初採取的經濟發展模式主要仿效香港 1960 至 1970 年代的發展模式，就是憑藉由其他省市湧來的民工，開展低成本製造業。這些工作勤奮、工資低廉的民工，在推動深圳成功發展方面功不可沒。其後，深圳逐漸沿著價值鏈往上移，進而製造高端產品，近年更成功建立高科技產業。今天，在香港確立其國際金融中心地位的同時，深圳亦冒起成為一個科技中心，中國多家高新科技巨擘均落戶當地。

我體會也欣賞香港和深圳的優勢，特別是兩地都是先進發達的現代化城市。根據國際旅遊指南《孤獨星球》（*Lonely Planet*）公佈的 2019 年全球十大最佳旅遊城市名單，深圳緊隨丹麥哥本哈根之後位居第二，其中一個主要原因正是她的現代化面貌。相比之下，香港有山有海、有港口，又有離島，景色可能比深圳優美，但深圳也有深圳灣，與香港北部遙遙相對，兩地由一條設計出色的大橋連接起來。深圳和香港兩座城市的公共交通系統都非常方便高效，不過，我自己出於個人理由，比較喜歡深圳的公交系統，因為當地 60 歲以上的長者可以免費乘搭公共交通工具，而香港則向長者劃一收取兩元車費。的士方面，我也寧取深圳，原因純粹是深圳的士近 100%為電動車，既舒適又安靜。至於巴士，我通常很少乘搭，兩者擇一的話，我會選擇在香港坐巴士的上層，因為可以沿途欣賞街道兩旁的風景，而深圳則沒有雙層巴士。

深圳的居住環境與香港也十分近似，可能因為深圳市政府多年

來不斷研究北京、上海及香港等大城市的城市規劃，並從中汲取經驗，將之用於發展本市的規劃。深圳有不少由多幢高樓大廈組成的屋苑，每個屋苑均設有購物商場、超級市場、兒童遊樂場等設施，還與四通八達的公共交通網絡連接，為居民提供一個自給自足、出入方便的社區。當新冠病毒於 2020 年 2 至 3 月在中國爆發的高峰期間，我身處深圳，親眼目睹市內屋苑和小區如何在配合封城措施方面發揮重要的角色，包括追查和監測區內每名居民的行蹤，以及統一為屋苑居民供應日用必需品。

至於生活成本指數方面，毋庸置疑，深圳的平均生活費用肯定比香港低很多，根據多項不同統計，深圳整體來說要比香港低約 35%。雖然近年深圳的樓價及租金持續上升，但與香港相比，仍然較低。

在香港，經濟條件較佳的人士享有一項優勢，就是可以聘用海外家務助理。早期來港工作的家傭多數來自菲律賓，後來隨著這個輸入傭工計劃大受歡迎，外傭對許多家庭來說逐漸變得不可或缺，於是僱傭公司也開始從印尼、泰國等地引進外傭。相比之下，由於香港的一般家庭可以聘請外傭助理家務，因此在某程度上生活較為舒適；而深圳家庭則沒有這個條件，因為中國不容許輸入外地家務傭工，加上在內地聘請傭人並不容易且通常比較昂貴，故此一般核心家庭的夫妻都主要倚靠其父母協助打理家務。對於沒有需要或負擔不起僱用傭人的香港家庭來說，香港跟深圳的生活費用差別不大，不過總的來說深圳的生活成本仍然比較低。

另一個我們覺得重要的生活條件，是食物的質素。中國的飲食文化經過數千年的發展，國民對飲食都非常講究。舉例來說，當兩名中國人討論購買住房問題時，不論是在中國或其他地方，他們總會考慮到家居附近有沒有食物質素優良的中國餐館；假若兩名英國人討論買房問題，根本不會提到這個話題。

事實上，世界各地都有唐人街，這些唐人街主要是一些中國餐館雲集的小區，一般位於狹窄齷齪的環境。區內不但滿佈供應各式各樣中國菜的食肆，而且通常還設有中式超市，售賣各種在其他地方買不到的中菜食材。

香港素有美食天堂之稱，除了有水準甚高的中餐之外，還有全球各地的菜色可供選擇，如意大利、法國、印度、日本、泰國和韓國菜等，一應俱全，只是價錢普遍較貴。至於深圳，雖然食肆供應的國際佳餚比香港少，但是有一樣香港比不上的，就是有大量來自全國各地不同省市的地道美食，種類多得驚人。深圳的購物商場一般都設有各式各樣的餐館，供應的菜系由廣東、四川、華北以至新疆等等，包羅萬有。我到深圳工作及生活之前，從來沒有品嘗過那麼多種類的中國地區特色菜。喜歡嘗試各種地道美食的人，一定要去深圳走走。在新冠肺炎爆發前，很多香港人都愛到深圳一天遊，品嘗佳餚美食。一般來說，在深圳上館子比在香港便宜得多。當然深圳也有餐館供應西餐和日本料理等，只是不及香港普遍；至於麥當勞和漢堡王（Burger King）等快餐店，在深圳也很受歡迎。在我過去九年於深圳生活的期間，我發覺在飲食方面，香港與深圳分別

不大，兩地各有所長。

總的來說，香港和深圳之間可謂大同小異。兩者都是十分先進的大都會，面對未來的新世界，兩市均能前瞻未來，致力策劃向前邁進的方向。

香港與深圳兩地的生活素質不相伯仲，我個人認為深圳甚至可能更勝一籌。我這樣認為的主要原因是我在深圳工作，而一般人都傾向較喜愛自己工作的地方，我也不例外。再者，深圳的整體生活成本指數的確較香港為低。

在粵港澳大灣區發展規劃下，珠江三角洲將被打造成一個繁榮發展的科技、服務、商貿及金融中心，而香港和深圳在當中都佔有舉足輕重的地位。

因此，我常常在想，假若再有年輕人向我尋求有關發展事業和尋求商機的意見時，我必定會建議他們擴闊及放遠眼光，不要單單注目香港或深圳，而應該放眼大灣區。假若他們喜愛谷歌、亞馬遜、臉書、網飛、YouTube 的世界，視這些為提高生活素質不可或缺的元素，那麼現在的香港比較適合他們，不過他們卻要付出生活成本較為高昂的代價，主要因為是香港的樓價實在太貴。另一方面，假若他們跟我一般也同樣喜愛百度、阿里巴巴、微信、淘寶、抖音、愛奇藝等，那麼，深圳會是一個好的選擇，甚至更佳。肯定的是，在中長期而言（我估計五至十年），深港兩地之間的差距將會變得微不足道，到時大灣區亦將在廣州、深圳、香港的支持下，發展成熟，冒起成為大贏家。

******

以下為改編自一部著名電影的對白

媽媽把一盒朱古力放在兒子面前，說道：
「孩子，記住，人生就像一盒朱古力，
你永遠不知道你會拿到哪一塊！」

「但是，媽媽，」兒子回答說，
「它仍然是一塊朱古力啊，
只是裏面的餡料不同而已。」

責任編輯		朱卓詠
書籍設計		a_kun
書籍排版		楊　錄

書　　名		香港：我心我城
著　　者		朱知梅
譯　　者		梁璐如
出　　版		三聯書店（香港）有限公司
		香港北角英皇道 499 號北角工業大廈 20 樓
		Joint Publishing (H.K.) Co., Ltd.
		20/F., North Point Industrial Building,
		499 King's Road, North Point, Hong Kong
香港發行		香港聯合書刊物流有限公司
		香港新界荃灣德士古道 220-248 號 16 樓
印　　刷		美雅印刷製本有限公司
		香港九龍觀塘榮業街 6 號 4 樓 A 室
版　　次		2022 年 4 月香港第一版第一次印刷
規　　格		大 32 開（140 × 210 mm）200 面
國際書號		ISBN 978-962-04-4949-9

© 2022 Joint Publishing (H.K.) Co., Ltd.

Published & Printed in Hong Kong